X. 1226.
T. + o.

10789

PRINCIPES
ÉLÉMENTAIRES
DE LA LANGUE
FRANÇAISE,

Par le C.en J.-B. PONCHIER,
Instituteur.

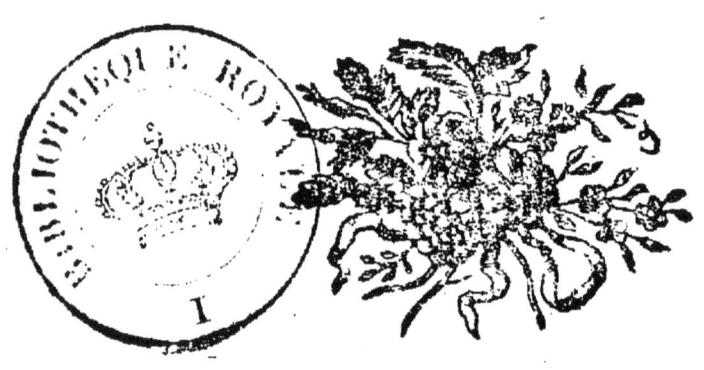

A NANTES,

DE L'IMPRIMERIE D'ODÉ, VIS-A-VIS LA
BOURSE, N.° I.

An XII.

Au citoyen Letourneur, *préfet du département de la Loire-inférieure.*

Citoyen Préfet,

C'est à votre zèle et à vos lumieres que le gouvernement a confié le soin de veiller sur l'éducation de la jeunesse. Tout ce qui a rapport à une fonction si utile et si importante, vous a toujours intéressé d'une maniere spéciale : cet intérêt me fait espérer que vous aurez assez de bonté pour excuser et souffrir la liberté que je prends de vous offrir un ouvrage sur les principes élémentaires de la langue française. Daignez le recevoir favorablement, daignez le recevoir comme un gage du respect trés-profond, avec lequel je suis,

Citoyen Préfet,

Votre très-humble et très-obéissant serviteur,

PONCHIER.

*Le Préfet du département de la
 Loire inférieure*,

Au citoyen Ponchier,

Je ne puis qu'être très-flatté, citoyen, de la proposition que vous me faites de me dédier l'utile ouvrage dont vous vous êtes occupé. Tout ce qui intéresse l'instruction publique a des droits à la sollicitude des magistrats, et je saisis avec plaisir cette occasion de vous offrir ma juste gratitude, pour le zèle que vous y apportez et l'assurance de ma parfaite considération.

LETOURNEUR.

ERRATA.

Page	Lign.	Il y a :	Lisez :
8	26	out	ont.
10	26	le commun	le nom commun.
12	31	canaux	émaux.
23	32	es	ces.
23	32	ces	se.
26	12	il	ils.
27	15	suivi	suivis.
28	21	de quels	de quel.
43	11	entend	étend.
44	16	nombres	nombre.
46	18	aiscours	discours.
50	9	ceux-ci	ceux-là.
56	4	accriotre	accroître.
61	18	inres	irent.
61	19	irent	urent.
65	29	aimez	aimâtes.
70	17	bénire	benie.
89	12	les	ces.
89	1h	ces	les.
100	23	repoudent	répondent.
103	24	que	qui.
109	17	une	un.
113	32	adjectifs	adjectif.
119	15	li	il.
121	2	commencée	commencé.
132	25	à-dire	c'est-à-dire.
135	2	de même	sont de même.
138	24	qu'on peut	qu'on pût.
173	28	ni pas	ne point.

PRÉFACE.

La Grammaire, dit M. l'abbé Girard, est l'art d'enseigner méthodiquement tout ce que l'usage a introduit et autorisé dans une langue, soit pour la parler, soit pour l'écrire correctement. L'usage varie : par sa variation, il donne lieu à de nouveaux principes, ou au développement des anciens. De-là cette multitude d'ouvrages élémentaires, ouvrages toujours utiles, parce qu'ils renferment quelque heureuse pensée, quelque explication claire d'un article jusqu'alors obscur ; car la langue comme les arts, tend à sa perfection.

J'ai suivi l'ancienne méthode ; je me suis seulement attaché à donner des définitions claires et précises, et à les confirmer par des exemples. J'ai écrit les imparfaits et les conditionnels par *ois*, parce que si l'on oublioit que *ois* fait *é*, on ne sauroit bientôt plus lire les ouvrages de *Racine*, *Crébillon*, *d'Aguesseau*, *Bossuet*, *Massillon*, *Rollin*, *Fleury*, etc. Je me suis donc très-peu éloigné de cette méthode qui a donné à la France tant de grands écrivains : je ne m'en suis écarté que dans les constructions propres à la langue française.

Dans l'ordre que j'ai gardé, je donne premiérement la définition de tous les mots employés dans la langue, avant d'en marquer l'usage ; car les mots sont les instruments du langage, il faut les connoître avant de les employer. Je passe ensuite à la sintaxe de ces mots, à leur orthographe ; enfin je termine mon ouvrage par une table de mots homonymes qui ont une orthographe différente. Heureux, si je puis atteindre le but que je me suis proposé, celui d'être utile.

tous les exemplaires qui ne seront pas signés ci-bas par l'auteur doivent être regardés comme éditions contrefaites

PRINCIPES
ÉLÉMENTAIRES
DE LA LANGUE
FRANÇAISE.

INTRODUCTION.

La Grammaire est l'art de parler et d'écrire une langue par principes.

Parler, c'est communiquer aux autres sa pensée par des sons articulés que l'on appelle *mots*.

Écrire, c'est la communiquer par le moyen de caracteres qui présentent aux yeux les mots.

Les mots sont composés de lettres : savoir, a, b, c, d, e, f, g, h, i, j, k, l, m, n, o, p, q, r, s, t, u, v, x, y, z.

On divise les lettres en voyelles et en consonnes : les voyelles sont celles qui seules, et sans le secours d'aucune autre lettre, forment un son, comme *a*, *e*, *i*, *o*, *u*.

On distingue deux sortes de voyelles, les voyelles simples et les voyelles composées.

Les voyelles simples sont celles qui s'expriment par une seule lettre; comme *a*, *e*, *i*, *o*, *u*.

Ces voyelles sont souvent accompagnées de petits traits que l'on appelle *accents*.

Les accents se posent sur les voyelles seulement, et servent à marquer le ton et l'inflexion de voix que l'on doit donner aux voyelles sur lesquelles ils sont posés.

Il y a trois sortes d'accents : savoir, l'accent aigu ou fermé, l'accent grave ou ouvert et l'accent circonflexe ou long.

L'accent aigu ou fermé est ce petit trait (′) tracé de droite à gauche : il marque que l'on doit prononcer la voyelle sur laquelle il est posé la bouche presque fermée ; comme dans ces mots *cité*, *bonté*, *café* ; il se met sur l'*e* seulement.

L'accent grave ou ouvert est ce petit trait (`) tracé de gauche à droite : il marque que l'on doit prononcer la voyelle sur laquelle il est posé en appuyant dessus et en desserrant les dents ; comme dans ces mots *allez-là*, *procès*, *accès*, *où allez-vous?* il se met sur l'*à*, l'*è* et l'*ù*.

L'accent circonflexe ou long, est ce trait (^) formé de l'accent aigu et de l'accent grave réunis : il marque qu'il faut prolonger le son de la voyelle sur laquelle il est placé ; comme dans ces mots *âge*, *fête*, *gîte*, *hôte*, *flûte* ; il se met sur les voyelles *â*, *ê*, *î*, *ô*, *û*.

Il y a donc trois sortes d'*a* :

a simple comme dans ces mots *amour*, *amitié*.

à grave comme dans ces mots *à Paris*, *allez-là*.

â long comme dans ces mots *âge*, *pâte*.

Il y a quatre sortes d'*e* :

e muet comme à la fin de ces mots *plume*, *livre* : on l'appelle muet, parce que le son en est sourd et peu sensible.

é fermé comme à la fin de ces mots *bonté*, *café* : cet *é* se prononce la bouche presque fermée.

è ouvert comme à la fin de ces mots *accès*, *succès* : cet *è* se prononce en appuyant et en desserrant les dents.

ê ouvert long comme dans les mots *fête*, *tempête* : on prolonge le son de l'*e* accentué.

Il y a deux sortes d'*i* :

i simple comme dans les mots *nid*, *lit*.

î long comme dans ces mots *gîte*, *abîme*.

Il y a deux sortes d'*o* :

o simple comme dans ces mots *nom*, *pronom*.

ô long comme dans ces mots *côte*, *hôte*.

Il y a trois sortes d'*u* :

u simple comme dans ces mots *dupe*, *butte*.

ù grave, comme dans *où*.

û long comme dans ces mots *bûche*, *chûte*.

Les voyelles composées sont les voyelles simples réunies et ne formant qu'un son : tels sont *ao* qui ont le son de l'*a* dans *paon*, *faon* et celui de l'*o* dans *taon*, *Saône*.

ea ont le son de l'*a* dans il *jugea*, il *mangea*, etc.

ai, *eai* ont le son de l'*é* fermé dans je *donnai*, je *changeai*, je *changerai*, etc.

ai, *eai* au commencement et au milieu des mots ont le son de l'*è* ouvert, *aimer*, *aisément*, *démangeaison*, etc.

ei, *ey*, *oi*, *eoi* ont aussi le son de l'*è* ouvert ; *seigneur*, *Bey*, *Dey*, *foible*, je *connois* ; les imparfaits de l'indicatif j'*aimois*, j'*échangeois*, etc. les conditionnels j'*aimerois*, j'*échangerois*, etc.

Ces mots *moi*, *toi*, *soi*, que je *sois*, *soit*, *noix*, *froid*, la *soie*, *droit*, *poids*, le *toit*, *emploi*, *courroie*, *nageoire*, *égrugeoire*, etc. et les infinitifs des verbes en *oir*, *vouloir*, *recevoir*, etc. ont le son d'*oie*, *oiseau*, l'usage apprendra les autres.

eo, *au*, *eau* ont le son de l'*o* dans *geolier*, *auteur*, *chapeau*, etc.

œu ont le son d'*eu* dans *nœud*, *bœuf*, *mœurs*, etc.

y est une voyelle composée qui a le son de l'*i* et qui s'emploie souvent pour deux *i*, comme dans *essuyer*, *pays*, *moyen*, etc.

Mais il s'emploie pour un *i* seulement dans les mots qui viennent du grec, comme dans ces mots *acolyte*, *mystere*, etc.

Les voyelles composées sont souvent accompagnées de deux petits points (..) placés à côté l'un de l'autre, au-dessus d'une voyelle : on appelle ces points *tréma*.

Le *tréma* marque que la voyelle sur laquelle il est posé doit être prononcée séparément de celle qui précede et de celle qui suit, comme dans *Saül*, *aïeul*, *ambigüe* ; il se met sur *e*, *i*, *u*.

Les consonnes sont les lettres qui ne forment un son qu'avec le secours des voyelles ; ce sont *b*, *c*, *d*, *f*, *g*, *h*, *j*, *k*, *l*, *m*, *n*, *p*, *q*, *r*, *s*, *t*, *v*, *x*, *z*.

L'*h* est ou aspirée ou muette.

L'*h* aspirée est celle qui fait prononcer du gosier la voyelle qui suit comme dans ces mots le *hameau*, le *héros*, la *hache*, le *hibou*, etc.

L'*h* muette est celle qui n'ajoute rien à la prononciation de la voyelle qui suit : comme dans ces mots *l'homme*, *l'honneur*, *l'histoire*, etc.

On appelle syllable une ou plusieurs lettres qui se prononcent en une seule émission de voix ; *probité* à trois syllables, *pro-bi-té* ; *bonté* en a deux, *bon-té* ; chaque syllable forme un son simple.

On appelle diphtongue, l'assemblage de plusieurs voyelles qui expriment un son double et qui se prononcent néanmoins en une seule émission de voix ; comme dans ces mots *fiacre*, *piece*, *miel*, *Dieu*, *lien*, *bien*, *moëlle*, etc.

Il y a plusieurs sortes de mots qu'on appelle les parties du discours ; savoir : le *nom*, l'*article*, l'*adjectif*, le *pronom*, le *verbe*, le *participe*, l'*adverbe*, la *préposition*, la *conjonction* et l'*interjection*.

CHAPITRE I.er

DU NOM.

LES noms ont été inventés pour exprimer les objets de nos idées.

Ces objets sont *réels* ou *idéaux*.

Réels lorsqu'ils dénomment des objets existants comme *fleur*, *arbre*, *cheval*, etc.

Idéaux, lorsque ces objets n'ont d'autre existence que celle que leur prête notre imagination comme *blancheur*, *probité*, *beauté*, *pensée*, *jugement*, etc.

Il y a quatre sortes de noms, le nom commun, le nom propre, le nom collectif général, et le nom collectif partitif.

Le commun est celui qui convient à tous les objets d'une même espece, comme les noms *homme*, *ville*, *riviere*, *sentiment*, qui conviennent à tous les hommes, à toutes les villes, à toutes les rivieres et à tous les sentiments.

Le nom propre est celui qui ne convient qu'à un seul objet ; comme *Cicéron*, *Paris*, la *Seine*, la *joie*, etc. qui ne conviennent qu'à un seul homme, à une seule ville, à une seule riviere, à un seul sentiment.

Le nom colletcif général est celui qui présente à l'esprit l'idée de plusieurs objets semblables, réunis et formant un tout ; comme *peuple*, *armée*, *forêt*, qui présentent l'idée de plusieurs hommes, de plusieurs soldats et de plusieurs arbres.

Le nom collectif partitif est celui qui présente à l'esprit l'idée d'une partie de quelque tout ; comme *la plupart de*… *une infinité de*…. *une troupe de*…. etc. etc.

Il y a deux genres, le masculin et le féminin : si l'objet que l'on dénomme a rapport au mâle, le nom est du genre masculin désigné par le mot *le* ou *un*; *livre* est du genre masculin, parce que l'on dit *un livre*, *le livre*, comme l'on dit *un mâle*, *le mâle*.

Si l'objet que l'on dénomme a rapport à la femelle, le nom est du genre féminin désigné par le mot *la* ou *une*. *Table* est du genre féminin, parce que l'on dit *une table*, *la table* ; comme l'on dit *une femelle*, *la femelle*.

Ainsi l'on connoît qu'un nom est du genre masculin, quand on peut mettre *le* ou *un* devant ce nom; qu'il est du genre féminin, quand on peut mettre *la* ou *une*.

Il y a deux nombres, le singulier et le pluriel.

Si le nom ne désigne qu'un seul objet, il est au nombre singulier, comme *un livre*, *une table*.

Si le nom désigne plusieurs objets, il est au nombre pluriel, comme *plusieurs livres*, *plusieurs tables*.

Pour connoitre de quel genre est un nom pluriel, il faut mettre ce nom au singulier.

Maniere de former le pluriel dans les Noms.

Regle générale, le pluriel dans les noms se forme en ajoutant *s* à la fin du nom; on écrira au singulier *un peuple*, *une loi*, *un éventail*; au pluriel, *plusieurs peuples*, *plusieurs lois*, *plusieurs éventails*.

Premiere exception. Les noms qui se terminent au singulier par *s*, *z*, *x*, ont la même terminaison au pluriel: ainsi on écrira au singulier *un fils*, *un nez*, *une voix*, et au pluriel *plusieurs nez*, *plusieurs fils*, *plusieurs voix*, etc.

Deuxieme exeption. Les mots *bétail*, *corail*, *ail*, *soupirail*, *émail*, *bail* et *travail* font au pluriel *bestiaux*, *coraux*, *aulx*, *soupiraux*, *canaux* et *travaux*.

Bercail n'a point de pluriel.

Troisieme exception. Les noms terminés au singulier par *al*, font leur pluriel en *aux*; on écrira au singulier *un cheval, un animal, un canal*, et au pluriel, *plusieurs chevaux, plusieurs animaux, plusieurs canaux*.

Remarque. Les mots *bal, pal, régal, carnaval*, prennent un *s* au pluriel, *plusieurs bals, plusieurs pals*, etc.

Quatrieme exception. Les noms terminés au singulier par *au, eau, eu, ou*, prennent une *x* au pluriel; on écrira au singulier *un étau, un chapeau, un jeu, un caillou*, et au pluriel, *plusieurs étaux, plusieurs chapeaux, plusieurs jeux, plusieurs cailloux*.

Remarque. Les mots *bleu, clou, trou, filou, licou, fou, mou, matou* prennent une *s* au pluriel, *plusieurs bleus, plusieurs clous, plusieurs trous*, etc.

Cinquieme exception. Les noms *ciel, œil* et *aïeul*, font au pluriel *cieux, yeux* et *aïeux*.

On dit cependant *des ciels* de lits, pour le sommet des lits, *des ciels* de tableau, pour les nuages d'un tableau.

Des *œils-de-bœuf*, terme d'architecture, pour exprimer les ouvertures rondes qu'on fait sur le toit d'une maison.

Sixieme exception. Les noms de plusieurs syllabes terminés au singulier par *ent*, changent *t* en *s* au pluriel, *un élement, plusieurs élemens*.

Remarque. Les monosyllabes prennent une *s* après le *t*, on dira *une dent*, au pluriel *plusieurs dents*.

B

Il y a des noms qui n'ont point de pluriel, comme *absynte, encens, estime, la faim, la soif, le boire, le manger, le coucher, le dormir, la foi, la sincérité, le courroux, le repos, l'or, l'argent, la gloire, le sang, le sommeil, la plupart, une infinité, une multitude*.... etc.

Il y en a d'autres qui n'ont point de singulier; comme *ancêtres, accordailles, broussailles, armoiries, entrailles, entrefaites, épousailles, ciseaux, mœurs, pleurs, tenebres, matines, vépres, complies*, etc.

Quiproquo ne prend point d's au pluriel.

CHAPITRE II.
DES ARTICLES.

LES articles annoncent les noms, déterminent l'étendue de leur signification, et servent à en marquer les rapports. Par exemple quand je dis les mots *jardin, porte, pain, viande*; ces mots n'ont par eux-mêmes qu'une signification vague et indéterminée; mais quand je leur ajoute les articles *le, du, au, la, de la, à la,* alors ils ont une signification déterminée, et quand je dis *le jardin* est ouvert; fermez *le jardin*; prenez la clef *du jardin*; allez *au jardin*; on entend que je parle du jardin de la maison où je suis, ou de celui dont on parle; par conséquent les articles *le, du, au,* déterminent le mot *jardin* à signifier *le jardin* en particulier de la maison où je suis ou de celui dont on parle; de même quand je dis *la porte* est ouverte; prenez la clef *de la porte*; on frappe *à la porte*; on entend que je parle de la porte du lieu où je suis ou de la maison dont on parle; par conséquent *la*, *de la*, *à la*, déterminent le mot *porte* à signifier la porte en particulier du lieu où je suis ou de la maison dont on parle.

Quand je dis prenez *du pain*, prenez *de la viande*, *du*, *de la* marquent un rapport de quantité qui fait entendre qu'on ne doit pas prendre tout le pain, ni toute la viande dont on parle, mais seulement une partie *du pain* et une partie *de la viande*.

Quand je dis je n'ai besoin ni *de pain*, ni *de viande*; *de* annonce le nom et ne détermine point l'espece de pain, ni l'espece de viande dont on parle.

Donnez cela à Pierre, *à* annonce le nom d'une personne présente sans la déterminer.

Il y a donc trois sortes d'articles, les définis, indéfinis et partitifs.

Le mot *défini* signifie une chose limitée dans des bornes certaines.

Le mot *indéfini* signifie une chose qui n'a point de bornes certaines.

Par le mot *partitif*, on entend une chose divisée ou divisible.

Les articles définis prennent le genre et le nombre des noms qu'ils annoncent; ce sont *le* pour le masculin singulier, *la* pour le féminin singulier, *l'* des deux genres au singulier; *les* pour le plurier des deux genres.

du pour le masculin singulier, *de la*, pour le féminin singulier, *de l'* pour les deux genres et au singulier; *des* des deux genres et au pluriel.

au pour le masculin singulier, *à la*, pour le féminin singulier, *à l'* pour le singulier et des deux genres; *aux* pour le pluriel et des deux genres.

On peut diviser ces articles en simples, contractés et doublés.

Les simples sont *le*, *la*, *les*.

Les contractés sont *du*, qui se met pour *de le*; *au* pour *à le*; *des* pour *de les*; *aux* pour *à les*.

Les doublés sont *de la*, *à la*.

Les articles indéfinis ne prennent ni genre ni nombre.

Ce sont *de* et *à*, ils annoncent le nom, en marquent les rapports, mais ils ne déterminent point l'étendue de sa signification.

le, *du*, *au* s'emploient devant les noms singuliers masculins qui commencent par une consonne, comme *le pere*, *du pere*, *au pere*.

la, *de la*, *à la*, s'emploient devant les noms féminins singuliers qui commencent par une consonne, comme *la mere*, *de la mere*, *à la mere*.

l', *de l'*, *à l'* et *d'*, s'emploient devant tous les noms singuliers, soit masculins, soit féminins, qui commencent par une voyelle ou une *h* muette; parce que la voyelle de l'article prend le son de la voyelle qui suit; mais on met à la place de la lettre retranchée cette petite figure (') qu'on appelle apostrophe, comme *l'homme*, *de l'homme*, *à l'homme*, *l'oiseau*, *de l'oiseau*, *à l'oiseau*, *d'Antoine*.

les, *des*, *aux* s'emploient devant tous les noms pluriels, soit masculins, soit féminins, soit qu'ils commencent par une voyelle ou une *h* muette ou une consonne.

Il y a donc quatre manières d'employer les articles :

1.º Devant un nom masculin qui commence par une consonne.

2.º Devant un nom féminin qui commence par une consonne.

3.º Devant un nom, soit masculin, soit féminin, qui commence par une voyelle ou une *h* muette.

4.º Devant tous les noms pluriels.

Les articles servent à marquer les rapports que les noms ont entre eux ou avec les autres mots : or les noms peuvent être employés sous cinq rapports différents, qui répondent au cas du latin.

1.º Au vocatif, lorsqu'on appelle quelqu'un, ou que l'on nomme la personne à qui l'on parle, ou la chose à laquelle on s'adresse ; c'est l'expression du nom sans article, comme dans ces expressions *Dieu, secourez-moi! A moi, braves soldats.*

Le nom est quelquefois précédé de la lettre *ô, ô ciel! ô dieux!*

2.º Au nominatif, lorsque l'article annonce un nom qui est le principe des actions ou des choses, pris dans un sens déterminé, ce rapport est marqué par les articles *le, la, les*, comme *le ciel, la terre et les mers sont l'ouvrage de Dieu;* dans un sens partitif il est marqué par *de, du, de la, des*, comme *du pain, de l'eau me suffisent.*

3.º A l'accusatif, lorsque l'article annonce un nom qui détermine la signification des verbes ou des prépositions; pris dans un sens déterminé; ce rapport est marqué par les mêmes articles qu'au nominatif, comme dans ces expressions, prenez *le pain*, prenez *la viande*, les mots *pain, viande*, déterminent la signification du verbe *prenez*.

4.º Au génitif ou à l'ablatif, lorsque l'article annonce un nom qui dépend d'un autre nom ou d'un autre mot, par *production, jouissance, extraction, séparation, réception,* ou de quelque autre maniere que ce soit; ce rapport est marqué par les articles *de, du, de la, des*, comme dans ces exemples *la lumiere du soleil, le fruit de l'arbre, je jouis de la liberté, digne de récompense, la volonté des dieux....* etc.

5.º Au datif, lorsque l'article annonce

un nom comme étant le terme d'une action ou d'une chose, soit qu'elle soit au profit ou au dommage de la chose à laquelle l'action ou la chose se termine ; ce rapport est marqué par les articles *à*, *au*, *à la*, *aux*, comme dans ces exemples *nuire à quelqu'un, plaire au Seigneur, propre à la guerre*.

Emploi de l'article défini devant un nom masculin qui commence par une consonne.

Singulier.		*Pluriel.*
Vocatif,	*jardin,*	*jardins.*
Nominatif et accusatif,	*le jardin,*	*les jardins.*
Génitif et ablatif,	*du jardin,*	*des jardins.*
Datif,	*au jardin,*	*aux jardins.*

Emploi de l'article défini devant un nom féminin qui commence par une consonne.

Singulier.		*Pluriel.*
Vocatif,	*fleur,*	*fleurs,*
Nominatif et accusatif,	*la fleur,*	*les fleurs.*
Génitif et ablatif,	*de la fleur,*	*des fleurs.*
Datif,	*à la fleur,*	*aux fleurs.*

Emploi de l'article défini devant un nom masculin qui commence par une voyelle.

Singulier.		*Pluriel.*
Vocatif,	*animal,*	*animaux.*
Nominatif et accusatif,	*l'animal.*	*les animaux.*
Génitif et ablatif,	*de l'animal,*	*des animaux.*
Datif,	*à l'animal,*	*aux animaux.*

Emploi de l'article défini devant un nom féminin qui commence par une voyelle.

	Singulier.	Pluriel.
Vocatif,	abeille,	abeilles.
Nominatif et accusatif,	l'abeille,	les abeilles.
Génitif et ablatif,	de l'abeille,	des abeilles.
Datif,	à l'abeille,	aux abeilles.

Emploi de l'article défini devant un nom qui commence par une *h* muette.

	Singulier.	Pluriel.
Vocatif,	homme.	hommes.
Nominatif et accusatif,	l'homme,	les hommes.
Génitif et ablatif,	de l'homme,	des hommes.
Datif,	à l'homme,	aux hommes.

Emploi de l'article indéfini devant un nom qui commence par une consonne.

Vocatif,	Pierre.
Nominatif et accusatif,	Pierre.
Génitif et ablatif,	de Pierre.
Datif,	à Pierre.

Emploi de l'article indéfini devant un nom qui commence par une voyelle.

Vocatif,	Antoine.
Nominatif et accusatif,	Antoine.
Génitif et ablatif,	d'Antoine.
Datif,	à Antoine.

Emploi de l'article partitif devant un nom masculin qui commence par une consonne.

	Singulier.	Pluriel.
Nomiatif et accusatif,	du pain,	des pains.
Génitif et ablatif,	de pain,	de pains.
Datif,	à du pain,	à des pains.

Emploi de l'article partitif devant un nom féminin qui commence par une consonne.

Singulier. *Pluriel.*

Nominatif et accus. *de la viande, des viandes.*
Génitif et ablatif, *de viande, de viandes.*
Datif, *à de la viande, à des viandes.*

Emploi de l'article partitif devant un nom qui commence par une voyelle.

Singulier. *Pluriel.*

Nominatif et accusatif, *de l'eau, des eaux.*
Génitif et ablatif, *d'eau, d'eaux.*
Datif, *à de l'eau, à des eaux.*

CHAPITRE III.

DE L'ADJECTIF.

L'ADJECTIF est un mot que l'on ajoute au nom pour exprimer la qualité de l'objet que l'on dénomme; comme *jardin agréable, enfant aimable*, ces mots *agréable* et *aimable* sont des adjectifs, parce qu'ils expriment la qualité des noms *jardin* et *enfant*.

Exprimer la qualité d'un objet, c'est lui ajouter une idée secondaire que ne présente pas le nom, ainsi *agréable* est un adjectif, parce qu'il exprime une qualité que le mot *jardin* ne présente pas.

On connoit qu'un mot est adjectif quand on peut y joindre le mot *personne* ou *chose*, ainsi *agréable*, *aimable* sont des adjectifs, parce qu'on peut dire *chose agréable*, *personne aimable*.

L'adjectif differe du nom en ce qu'il ne présente à l'esprit aucun objet s'il n'est joint à un nom, comme on le voit dans les mots *agréable*, *aimable*, qui n'expriment rien s'ils ne sont joints aux mots *personne* et *chose*.

Au lieu que le nom désigne un objet par lui-même, comme on le voit dans les mots *jardin*, *enfant* qui présente à l'esprit l'idée d'un objet existant.

Commes les adjectifs expriment la qualité des objets, ils prennent le genre et le nombre des noms qu'ils qualifient.

La différence du genre se marque par la derniere lettre.

Formation du féminin dans les adjectifs.

Premiere regle. Les adjectifs qui se terminent au masculin par un *e* muet, n'ont qu'une terminaison pour les deux genres, un homme *aimable*, *habile*, *agréable* : une femme *aimable*, *habile*, *agréable*.

Deuxieme regle. Quand un adjectif ne fini point par un *e* muet, on y ajoute un *e* muet pour former le féminin : un homme *sensé*, *vrai*, *poli*, *ingénu*, *prudent*, *blond*, *grand*, *savant*, *prompt*; une femme *sensée*, *vraie*, *ingénue*, *prudente*, *blonde*, *grande*, *savante*, *prompte*, etc.

Première exception. Quelques-uns des adjectifs qui se terminent en *c*, changent *c* en *che* au féminin, *blanc*, *franc*, *sec*, font au féminin *blanche*, *franche*, *seche*.

D'autres changent *c* en *que* au féminin; *public*, *caduc*, *grec*, *turc* font au féminin *publique*, *grecque*, *caduque*, *turque*.

Deuxieme exception. Les adjectifs qui se terminent en *f* changent cette terminaison en *ve*, pour former leur féminin; *bref*, *naïf*, *vif*, *oisif*, etc. au féminin *breve*, *naïve*, *vive*, *oisive*, etc.

Troisieme exception. Les adjectifs terminés au masculin par *el*, *eil*, *ul*, *an*, *en*, *on*, *as*, *es*, *os*, *et*; doublent au féminin leur consonne et prennent l'e muet; *cruel*, *vermeil*, *nul*, *paysan*, *ancien*, *bon*, *gros*, *gras*, *épais*, *exprès*, *net*, *sot*, etc. au féminin, *cruelle*, *vermeille*, *nulle*, *paysanne*, *ancienne*, *grosse*, *grasse*, *épaisse*, *expresse*, *nette*, *sotte*, etc.

Cependant *mauvais*, *niais*, *ras*, *complet*, *discret*, *inquiet*, *replet*, *secret*, *espagnol*, *dévot*, *idiot*, *cagot*, prennent un *e* seulement au féminin, *mauvaise*, *rase*, *niaise*, *complete*, *discrete*, *inquiete*, *replete*, *secrete*, *espagnole*, *dévote*, *idiote*, *cagote*.

Remarque. Mou, *fou*, *beau*, *nouveau*, *vieux*, font au féminin *folle*, *molle*, *belle*, *nouvelle*, *vieille*, parce que es féminins ces forment de *mol*, *fol*, *nouvel*, *bel*, *vieil*, que l'on emploie devant une voyelle ou une *h* muette, *bel homme*, *bel oiseau*, néanmoins *vieux* peut se mettre devant une voyelle, on dit *le vieux yvrogne*, *un vieil ami* ou *un vieux ami*.

Mais dans ces mots là, le masculin pluriel se forme toujours du masculin singulier ; exemple : *un bel infant*, *de beaux enfants* ; *un vieil ami*, *de vieux amis*.

Quatrieme exception. Les adjectifs dont la terminaison est en *eux*, au masculin, la changent en *euse*, pour leur féminin, *heureux*, *honteux*, *peureux* ; au féminin, *heureuse*, *honteuse*, *peureuse*.

Cinquieme exception. Les adjectifs dont la terminaison est en *eur* au masculin, ont quatre terminaisons différentes au féminin *euse*, *resse*, *trice* et *eure*.

Regle. Tous les adjectifs terminés en *eur* qui ne font pas au féminin *resse*, *trice* et *eure*, ont leur terminaison féminine en *euse*, *chanteur*, au féminin *chanteuse*; *parleur*, au féminin *parleuse*, etc.

Les adjectifs en *eur* qui se terminent en *resse* au féminin, sont *enchanteur*, *enchanteresse*; *bailleur*, *bailleuse*, *bailleresse*; *chasseur*, en poésie *chasseresse*, *chasseuse*; *demandeur*, *demanderesse*; *défendeur*, *défenderesse*; *pécheur*, *pécheresse*; *vendeur*, *venderesse*, *vendeuse*; *vengeur*, *vengeresse*.

Gouverneur fait *gouvernante*, *serviteur*, *servante*.

Les

Les adjectifs en *eur* qui se terminent en *trice* au féminin, sont *accusateur, acteur, administrateur, admirateur, adorateur, adulateur, ambassadeur, approbateur, auditeur, bienfaiteur, calomniateur, coadjuteur, compétiteur, conciliateur, conducteur, conservateur, consolateur, coopérateur, corrupteur, curateur, débiteur, délateur, destructeur, déclamateur, dictateur, directeur, dispensateur, dissipateur, dissimulateur, distributeur, donateur, lecteur, émulateur, exécuteur, fauteur, fornicateur, générateur, instigateur, inoculateur, introducteur, instituteur, inventeur, lecteur, législateur, libérateur, modérateur, moteur, opérateur, persécuteur, perturbateur, procurateur, protecteur, reconciliateur, réformateur, spectateur, séducteur, testateur, tuteur, violateur, usurpateur, zélateur.*

Empereur fait *impératrice*.

Amateur, auteur sont masculin et féminin; cependant quelques auteurs disent *amatrice*.

Les adjectifs en *eur*, qui font leur féminin en *eure*, sont *antérieur, extérieur, majeur, mineur, intérieur, meilleur, supérieur, prieur, ultérieur, inférieur, postérieur*, font au feminin *antérieure, extérieure,* etc.

Sixieme exception. Les adjectifs *absous, dissous*, font au féminin *absoute, dissoute; bénin, bénigne; malin, maligne; doux, douce; faux, fausse; favori, favorite; jaloux, jalouse, long, longue; nu, nue; roux, rousse; frais, fraiche; tiers, tierce.*

C

Formation du pluriel dans les adjectifs.

Le pluriel dans les adjectifs se forme comme dans les noms, en y ajoutant *s* ou *x* à la fin, selon leurs terminaisons, *bons*, *bonnes*; *beaux*, *belles*; *égaux*, *égales*; mais les adjectifs suivants n'ont point de pluriel masculin, *adverbial*, *austral*, *boréal*, *canonial*, *conjugal*, *fatal*, *final*, *frugal*, *idéal*, *jovial*, *littéral*, *naval*, *pascal*, *pastoral*, *pectoral*, *trivial*, *venal*.

Mais il s'emploient au pluriel féminin, on dit *les armées navales*, *des instructions pastorales*, etc.

Universel fait au pluriel *universaux*.

Les adjectifs deviennent noms lorsqu'ils expriment les objets de nos idées, alors ils cessent d'exprimer des qualités, et prennent l'article. Exemple : *le vrai doit être l'objet de nos recherches. Le bon est préférable au beau.*

Dégrés de signification dans les adjectifs.

L'adjectif peut exprimer la qualité d'un objet avec plus ou moins d'étendue. Si on le fait en comparant l'objet dont on parle à un autre, l'adjectif est au comparatif, et il ést précédé d'un de ces mots *plus*, *moins*, *aussi*, *autant*. De là les comparatifs sont divisés en comparatifs de *supériorité*, d'*infériorité* et d'*égalité* ; le comparatif de supériorité se forme en mettant *plus* devant l'adjectif, suivi de *que*, comme *la rose est plus belle que la violette*.

Le comparatif d'infériorité se forme en mettant *moins* devant l'adjectif, suivi de *que*, comme *la violette est moins belle que la rose*.

Le comparatif d'égalité se forme en mettant *aussi*, *autant* devant l'adjectif, suivi de *que*, comme *Pierre est aussi, autant sage que Paul*.

Les adjectifs *meilleur*, *moindre*, *pire*, suivi de *que*, expriment seuls une comparaison.

On emploie *meilleur* au lieu de *plus bon* qui ne se dit pas, comme *la vertu est meilleure que la science* et non pas *plus bonne*. On emploie *moindre* suivi de *que*, au lieu de *plus petit*. *Cette somme est moindre que l'autre*.

On emploie *pire* suivi de *que*, au lieu de *plus mauvais* ; comme *le mensonge est pire que l'indocilité*.

Le mot *que* sert à joindre les deux objets que l'on compare.

Si l'adjectif exprime la qualité d'un objet à un très-haut dégré ; il est au superlatif absolu, et il est précédé du mot *très* ou *fort* ; comme, *l'homme savant et modeste est très ou fort estimable*.

S'il exprime la qualité d'un objet au plus haut dégré avec rapport à un autre objet, il est au superlatif relatif, et il se forme en mettant *le, la, du, de la, au, à la, les, des, aux* devant les comparatifs de supériorité et d'infériorité, comme *le plus grand, la plus heureuse, la moindre, la meilleure.*

Des noms et adjectifs de nombre.

Les adjectifs de nombre sont ceux dont on se sert pour compter, il y en a de deux sortes, les adjectifs de quantité et les adjectifs d'ordre.

Les adjectifs de quantité sont *un, deux, trois, quatre,* etc.

Les adjectifs d'ordre sont *premier, second, troisieme,* etc.

Les noms de nombre sont ceux qui servent à marquer une certaine quantité, comme *une douzaine,* etc.

Ceux qui marquent les parties d'un tout, comme *la moitié, le tiers, le quart,* etc.

Enfin ceux qui servent à multiplier, comme *le double, le triple,* etc.

CHAPITRE IV.

DU PRONOM.

Les pronoms sont des mots inventés pour tenir la place des noms, déja exprimés auparavant, en rappeller l'idée et en éviter la répétition trop fréquente. Exemple : *j'ai vu votre jardin, il est fort beau*; *il* est un pronom, parce qu'il est mis pour *jardin*.

Il y a six sortes de pronoms, les personnels, les possessifs, les démonstratifs, les relatifs et les indéfinis.

Des Pronoms personnels.

Les pronoms personnels sont ceux qui tiennent la place du nom des personnes.

Il y a trois personnes, la première est celle qui parle, la seconde est celle à qui l'on parle, la troisième est celle de qui l'on parle.

Comme les pronoms tiennent la place des noms, ils en représentent aussi les différents rapports; ils sont au singulier ou au pluriel, selon que les noms des personnes qu'ils représentent sont au singulier ou au pluriel.

Pronom de la première personne.

Ce pronom est des deux genres, masculin, si c'est un homme qui parle; féminin si c'est une femme.

	Singulier.	Pluriel.
Nominatif,	*je* ou *moi*,	*nous*.
Accusatif,	*me* ou *moi*,	*nous*.
Génitif et ablatif,	*de moi*,	*de nous*.
Datif,	*me* ou *à moi*,	*nous* ou *à nous*.

Pronoms de la seconde personne.

Ce pronom est des deux genres, masculin si c'est à un homme que l'on parle, féminin si c'est à une femme.

Nota. Le pronom *vous* est des deux nombres ; il est singulier si l'on ne parle qu'à une personne, pluriel si l'on parle à plusieurs.

Singulier.   *Pluriel.*

	Singulier	Pluriel
Nominatif,	*tu, toi, vous,*	*vous.*
Accusatif,	*te, toi, vous,*	*vous.*
Gén. et ablat.	*de toi, de vous,*	*de vous.*
Datif,	*te, à toi, à vous,*	*vous, à vous.*

Pronom de la troisieme personne.

Singulier.

	Masculin.	Féminin.
Nominatif,	*il* ou *lui,*	*elle,*
Accusatif,	*le* ou *lui,*	*la* ou *elle,*
Gén. et ablat.	*de lui,*	*d'elle,*
Datif,	*lui* ou *à lui,*	*à elle.*

Pluriel.

	Masculin.	Féminin.
Nominatif,	*ils* ou *eux,*	*elles.*
Accusatif,	*les* ou *eux,*	*les* ou *elles.*
Gén. et ablat.	*d'eux.*	*d'elles.*
Datif,	*leur* ou *à eux,*	*à elles.*

Leur mis pour *à eux, à elles,* est toujours pluriel et ne prend jamais d'*s*.

Je, tu, il, ils, elles sont toujours nominatif.

Du pronom se, soi.

Le pronom *se*, *soi*, est encore un pronom de la troisieme personne; on l'appelle pronom réfléchi parce qu'il marque le rapport d'une personne à elle-même.

Il est des deux genres et des deux nombres.

            Singulier   Pluriel.
Nominatif,
Accusatif, *se* ou *soi* pour *lui*, *elle*, *eux*, *elles*.
Gén. et abl. *de soi*, p. *de lui*, *d'elle*, *d'eux*, *d'elles*.
Datif,   *se*, *à soi*, p. *à lui*, *à elle*, *à eux*, *à elles*.

Remarque. *Me*, *te*, *nous*, *vous*, sont pronoms réfléchis, lorsqu'ils sont immédiatement précédés des mêmes pronoms au nominatif, alors ils marquent le rapport d'une personne à elle-même, comme *je me*, *tu te*, *nous nous*, *vous vous*.

Du pronom en, y.

En et *y* servent de pronoms lorsqu'ils sont mis pour un nom; ils se disent des personnes et des choses.

En s'emploie pour *de lui*, *d'elle*, *de cela*: ainsi quand on dit *j'en parle*, on peut entendre je parle *de lui*, *d'elle*, *de cela*, selon la personne ou la chose dont le nom a été exprimé auparavant.

y s'emploie pour *à lui*, *à elle*, *à cela*; comme quand on dit *j'y pense*, c'est-à-dire *je pense à lui*, *à elle*, *à cela*, selon le nom de la personne ou de la chose exprimé auparavant.

Des pronoms possessifs-adjectifs.

Les pronoms possessifs sont ceux qui marquent à qui appartient la chose exprimée par le nom, comme *mon livre*, *ton* ou *votre cheval*, *son chapeau*; c'est-à-dire le livre qui est *à moi*, le cheval qui est *à toi*, ou *à vous*, le chapeau qui est *à lui*; ils déterminent la signification du nom auquel ils sont joints; ils excluent donc l'article défini, et prennent l'article indéfini *à*, *ou*, *de*. Ils sont masculins ou féminins, singuliers ou pluriels, selon le genre et le nombre des noms qu'ils accompagnent.

Comme il y a trois personnes, il y a aussi trois pronoms possessifs : un pour chaque personne.

Les pronoms sont pour les trois personnes du singulier,

Pour la premiere. Masculin singulier, *mon livre*, féminin singulier, *ma plume*; pluriels des deux genres *mes livres*, *mes plumes*.

Pour la seconde. Masculin singulier, *ton* ou *votre livre*; féminin singulier, *ta* ou *votre plume*; pluriel des deux genres, *tes* ou *vos livres*, *vos plumes*.

Pour la troisieme. Masculin singulier, *son livre*; féminin singulier, *sa plume*; pluriel des deux genres, *ses livres*, *ses plumes*.

Pour les trois personnes qui sont des deux genres.

Pour la premiere. Singulier, *notre livre*, *notre plume*; pluriel, *nos livres*, *nos plumes*.

Pour la seconde singulier, *votre livre, votre plume*; pluriel, *vos livres, vos plumes.*

Pour la troisième. Singulier, *leur livre, leur plume*; pluriel, *leurs livres, leurs plumes.*

Mon, ton, son s'emploient devant tous les noms masculins singuliers, et devant les noms féminins singuliers qui commencent par une voyelle ou *h* muette : on dit *mon ame* pour *ma ame*, *ton humeur* pour *sa humeur*, *son épée* pour *sa épée*.

Ma, ta, sa, s'emploient devant tous les noms féminins singuliers qui commencent par une consonne, *ma plume, ta robe, sa coiffe.*

Mes, tes, ses s'emploient devant tous les noms pluriels, soit masculins soit féminins, soit qu'ils commencent par une voyelle ou une *h* muette, *mes livres, tes oiseaux, ses oranges.*

Des pronoms possessifs-relatifs.

Il y a encore une autre espece de pronoms possessifs, qu'on appelle pronoms *possessifs-relatifs*. Ils ne sont jamais joints avec leurs noms; mais ils les supposent énoncés auparavant, et ils leur marquent une relation, comme *mon jardin est plus beau que le vôtre*; c'est-à-dire que *votre jardin* : le *vôtre* marque une relation au mot *jardin* énoncé auparavant.

Ces pronoms sont toujours accompagnés

des articles définis et s'emploient comme les noms de quatre manieres différentes.

Il y a aussi trois pronoms possessifs-relatifs, un pour chaque personne.

Pour les trois personnes du singulier.

Masculin singulier.

1.re personne. Seconde. Troisieme.

Nominatif et accusatif.

Le mien, le tien, le vôtre,   le sien,
Génitif et ablatif.
Du mien, du tien, du vôtre. du sien.
Datif.
Au mien, au tien, au vôtre, au sien.

Pluriel.

Nominatif et accusatif.
Les miens, les tiens, les vôtres, les siens.
Génitif et ablatif.
Des miens, des tiens, des vôtres., de siens.
Datif.
Aux miens, aux tiens, aux vôtres, aux siens.

Singulier féminin.

Nominatif et accusatif.
La mienne, la tienne, la vôtre,   la sienne.
Génitif et ablatif.
De la mienne, de la tienne, de la vôtre, de la sienne.
Datif.
A la mienne, à la tienne, à la vôtre, à la sienne.

Pluriel.

Nominatif et accusatif.
Les miennes, les tiennes, les vôtres, les siennes.
Génitif et ablatif.
Des miennes, des tiennes, des vôtres, des siennes.
Datif.
Aux miennes, aux tiennes, aux vôtres, aux siennes.

Pour les trois personnes du pluriel.

I.re personne.　　Seconde.　　Troisieme.

Masculin singulier.

Nominatif et accusatif.

Le nôtre,　le vôtre,　　　le leur.

Génitif et ablatif.

Du nôtre,　du vôtre,　　　du leur.

Datif.

Au nôtre.　au vôtre.　　　au leur.

Pluriel.

Nominatif et accusatif.

Les nôtres, les vôtres.　　les leurs.

Génitif et ablatif.

Des nôtres, des vôtres,　　des leurs.

Datif.

Aux nôtres, aux vôtres,　　aux leurs.

Singulier féminin.

Nominatif et accusatif.

La nôtre,　la vôtre,　　　la leur.

Génitif et ablatif.

De la nôtre, de la vôtre,　de la leur.

Datif.

A la nôtre, à la vôtre.　　à la leur.

Pluriel.

Nominatif et accusatif.

Les nôtres, les vôtres,　　les leurs.

Génitif et ablatif.

Des nôtres, des vôtres,　　des leurs.

Datif.

Aux nôtres, aux vôtres,　　aux leurs.

Remarque. Les pronoms possessifs-relatifs, *le nôtre, la nôtre, le vôtre, la vôtre,* doivent s'écrire avec l'accent circonflexe sur l'*o* qui est long, au lieu qu'il est bref dans les noms possessifs-adjectifs.

Des pronoms démonstratifs.

Les pronoms démonstratifs désignent les objets de nos observations ou de nos discours, et les distinguent de tout objet étranger. *Cet ouvrage est bien écrit*, c'est-à-dire l'ouvrage dont on a parlé est bien écrit.

Comme ce pronom détermine la signification du nom, il exclue aussi l'article défini et prend l'article indéfini *de* ou *a*.

Singulier.

Masculin.	Féminin.
Ce papier, cet oiseau,	*cette plume.*
Celui,	*celle,*
Celui-ci,	*celle-ci,*
Celui-la,	*celle-la,*
Ceci,	
Cela,	

Pluriel.

Masculin.	Féminin.
Ces oiseaux,	*ces plumes,*
Ceux,	*celles.*
Ceux-ci,	*celles-ci.*
Ceux-la,	*celles-la.*

Ce s'emploie devant un nom masculin qui commence par une consonne ou une h aspirée, *ce village, ce hameau*.

Cet s'emploie devant un nom masculin qui commence par une voyelle ou une h muette, *cet oiseau, cet homme*.

Cette s'emploie devant tous les noms féminins soit qu'ils commencent par une consonne

consonne, une voyelle ou une *h* muette; *cette femme, cette abeille, cette hyrondelle.*

Ces s'emploie devant tous les noms pluriels masculins ou féminins, soit qu'ils commencent par une consonne ou une voyelle *à ces hommes, à ces femmes, à ces abeilles.*

Celui, celle, ceux, celles, suivis de *qui* ou de *que,* signifient *l'homme qui, la femme qui,...*

Celui, celle s'emploient aussi pour désigner des choses, alors ils ont rapport à un nom qui précéde ou qui suit; exemple : *parmi ces livres, prenez celui qui vous fera plaisir; choisissez parmi ces étoffes celle qui vous plaira.*

Ce suivi de *qui* ou de *que* signifie *la chose qui ou que....*

Ceci, cela, se disent des choses seulement et signifie *cette chose là, cette chose ci.*

Celui-ci, celle-ci, ceci s'emploient pour montrer des choses qui sont proches, ou dont on a parlé en dernier lieu.

Celui-là, celle-là, cela, pour montrer des choses éloignées ou dont on a parlé en premier lieu.

Des Pronoms relatifs.

Les pronoms relatifs sont ceux qui ont rapport à un nom ou pronom qui précede et qui en rappellent l'idée, comme quand je dis *l'enfant qui joue, qui chante*: ce mot *qui* rapelle l'idée du mot *enfant,* dont on a parlé auparavant.

Le nom ou pronom auquel se rapporte le pronom relatif, s'appelle antécédent, (qui veut dire marcher devant:) ainsi dans l'exemple précédent *enfant* est l'antécédent du pronon relatif *qui*. Les pronoms relatifs sont *qui, que, quoi, dont*, des deux genres et des deux nombres *quel, lequel*, pour le masculin singulier, *quelle, laquelle* pour le féminin singulier, *quels, lesquels*, pour le masculin pluriel, et *quelles, lesquelles* pour le féminin pluriel.

Emploi des Pronoms relatifs.

Singulier et Pluriel.

Nominatif,   *qui.*
Accusatif,   *qui, que* ou *quoi.*
Génitif et ablatif, *dont, de qui* ou *de quoi.*
Datif,   *à qui* ou *à quoi.*

Singulier.

Masculin.   Féminin.

Nom et Ac. *quel, lequel, quelle, laquelle.*
Gén. et Ab. *de quels, du quel, de quelle, de laquelle.*
Datif.   *à quel, auquel, à quelle, à laquelle.*

Pluriel.

N. et Ac. *quels, lesquels, quelles, lesquelles.*
G. et Ab. *de quels, desquels, de quelles, desquelles.*
Datif, *à quels, auxquels, à quelles, auxquelles.*

Où, d'où et *par où* sont pronoms relatifs, lorsqu'ils se rapportent à un nom qui les précéde., ils signifient alors, dans *lequel*, *du quel* et *par lequel*; exemple: *la maison où il demeure*, c'est-à-dire *dans laquelle*; *le bois d'où il sort*, c'est-à-dire *du quel*; *le chemin par où il est venu*, c'est-à-dire *par lequel*.

Remarque. Les pronoms relatifs *qui*, *que*, *quoi*, *quel*, *quelle*, *lequel*, *laquelle*, sont pronoms absolus, lorsqu'ils n'ont point d'antécédent et qu'on peut les tourner *par quelle personne* ou *quelle chose*. Les pronoms absolus sont pronoms interrogatifs lorsqu'on les emploie avec interrogation; exemple: *je ne sais qui est venu vous demander*, c'est-à-dire *quelle personne*. *Que vous donnerai-je?* c'est-à-dire *quelle chose vous donnerai-je? de quoi vous mêlez-vous?* c'est-à-dire *de quelle chose*, etc.

Qui, *que*, *quoi*, sont pronoms relatifs, lorsqu'on peut les tourner par *lequel* ou *laquelle*, suivis de leur antécédent; exemple: *l'enfant qui joue*, *qui* est pronom relatif, parce qu'on peut le tourner par *lequel*, suivi de son l'antécédent et dire *lequel enfant joue*.

Lequel, *laquelle* s'emploient souvent pour éviter les équivoques fréquentes que produiroit le pronom *qui*; *le frere de la personne pour qui vous travaillez est parti*; on ne sait si *de qui* se rapporte à *frere* ou à *personne*; on ôte l'équivoque en mettant pour *lequel* ou *laquelle*, selon le nom de la personne *pour laquelle vous travaillez*.

Des Pronoms indéfinis.

Les pronoms indéfinis sont ceux qui ont une signification vague et indéterminée : quand je dis *on frappe à la porte*, *quelqu'un appelle*, je parle d'une personne et je ne désigne pas quelle elle est.

Il y en a de quatre sortes :

1.° Ceux qui ne sont jamais joints à un nom, comme *quelqu'un*, *chacun*, pour le masculin; *quelqu'une*, *chacune*, pour le féminin; *on*, *quiconque*, *personne*, *autrui*, *rien*; sont des deux genres.

2.° Ceux qui sont toujours joints à un nom, comme *quelque*, *chaque*, *quelconque*.

3.° Ceux qui sont tantôt seuls et tantôt joints à un nom comme *nul*, *nulle*; *aucun*, *aucune*; *l'un*, *l'autre*; *même*; *tel*, *telle*; *plusieurs*, *tout*, *toute*.

4.° Ceux qui sont suivis de *que*, comme *qui que ce soit*, *quoi que ce soit*.

CHAPITRE V.
DU VERBE.

Le verbe est un mot dont on sert pour exprimer l'existence ou l'état des personnes ou des choses, les actions qu'elles font ou les impressions qu'elles reçoivent. Ainsi quand je dis *l'enfant est sage*; *est* qui exprime l'existence de l'enfant, est un verbe; quand je dis *l'enfant mange*; *mange*, qui exprime l'action de l'enfant, est un verbe: quand je dis *l'enfant est corrigé*; *est corrigé*, qui exprime l'impression que l'enfant reçoit, est un verbe: et quand je dis *l'enfant repose*; *repose* qui exprime l'état de l'enfant, est un verbe.

La personne ou la chose dont le verbe exprime l'existence, l'action, l'impression ou l'état, est ce qu'on appelle le nominatif du verbe.

Le nominatif du verbe est donc le nom ou pronom qui détermine sa personne et son nombre, auquel on attribue quelque façon d'être, d'agir ou de souffrir: ainsi dans les exemples précédents, *enfant* est le nominatif des verbes *est*, *mange*, *est corrigé* et *repose*.

De là naissent quatre sortes de verbes, le verbe *est*, qu'on appelle *substantif*, le verbe *mange*, qu'on appelle *actif*, le verbe *est corrigé*, qu'on appelle *passif*, et le verbe *repose* qu'on appelle *neutre*.

Le verbe substantif désigne une espece d'union du nominatif avec l'adjectif, le nom ou le pronom qui suit le verbe; exemple: *je suis votre ami*, *la terre paroît immobile*; *vous êtes celui que je cherche*; *suis*, *paroît*, *êtes*, suivis des mots *ami*, *immobile* et *celui* sont des verbes substantifs, parce qu'ils désignent l'union de ces mots avec les nominatifs *je*, *terre*, *vous*.

Le verbe actif exprime une action du nominatif qui s'étend à un objet étranger : comme dans cet exemple : *le père corrige l'enfant*; *l'enfant*, est l'objet de l'action que le verbe *corrige* exprime.

L'objet est donc le mot qui reçoit l'action du verbe et qui détermine sa signifiation ; c'est ce qu'on appelle le régime du verbe.

Si l'objet du verbe est la même personne que le nominatif, alors on l'appelle verbe *réfléchi*.

Le verbe *réfléchi* est un verbe qui exprime l'action d'un nominatif qui agit sur lui-même.

Il se conjugue toujours avec les pronoms *me, te, se, nous, vous, se*, qui se mettent entre le nominatif du verbe et le verbe, comme *je me flatte, tu te loues; nous nous flattons, vous vous louez*; *me, te, se* sont les régimes des verbes *flatter, louer*, c'est-à-dire je flatte *moi*; tu loues *toi*.

Nota. Les pronoms *me, te, se*, ne sont point objet de l'action du verbe lorsqu'ils sont mis pour *à moi, à toi, à soi*.

Première remarque. Le verbe réfléchi devient verbe réciproque lorsqu'il a pour nominatif un nom collectif, ou un nom, ou pronom pluriel, et qu'on peut lui joindre les mots *l'un l'autre, réciproquement; nous nous écrivons souvent; ces femmes se disent tous leurs secrets*, c'est-à-dire *nous nous écrivons réciproquement, se disent réciproquement.*

Deuxieme remarque. Il a une signification passive à la troisieme personne du singulier et du pluriel, quand on peut les tourner par le passif; exemple : *Suzanne s'est trouvée innocente*, c'est-à-dire *a été trouvée*.

Le verbe *passif* exprime l'impression de l'action que le nominatif reçoit, exemple; *l'enfant est corrigé par le pere*; *l'enfant* reçoit l'impression que le verbe exprime.

Le verbe *neutre* souvent n'exprime point d'action, ou en exprime une qui ne s'entend point, mais qui se rapporte à un objet ; exemple : *dormir* n'exprime point d'action; *obéir* en exprime une qui se rapporte à un objet; on dit *obéir à quelqu'un*.

On connoît qu'un verbe est *substantif* lorsqu'il est suivi d'un adjectif ou d'un nom qui se rapporte au nominatif du verbe.

On connoît qu'un verbe est *actif* lorsqu'on peut mettre après lui *quelqu'un* ou *quelque chose*; *aimer, corriger, louer*, ... etc. sont des verbes actifs, parce qu'on peut dire *aimer quelqu'un, corriger quelqu'un, louer quelqu'un*.

Remarque. Le verbe actif peut toujours se tourner au passif, sans altérer le sens de la phrase, en mettant après le mot *par* ou *de* : ainsi *aimer, louer quelqu'un* sont actifs, parce qu'on peut dire *être aimé, être loué par quelqu'un*.

On connoît qu'un verbe est passif lorsque *quelqu'un, quelque chose* est régi par le mot *par*, précédé du participe passé joint au verbe *être*, comme *être battu par quelqu'un*.

On connoît qu'un verbe est réfléchi, lorsque le verbe veut être précédé des pronoms réfléchis *me, te, se*, comme *se repentir*.

On connoît qu'un verbe est neutre, lorsqu'on ne peut pas mettre après lui *quelqu'un* ni *quelque chose*, ainsi *languir, dormir* sont des verbes *neutres*, parce qu'on ne peut pas dire *languir quelqu'un, dormir quelqu'un*. Et parce qu'on ne peut pas le tourner au passif; car le verbe neutre est immuable de sa nature.

Les verbes ainsi que les noms ont deux nombres, le singulier et le pluriel.

Chaque nombres a trois personnes : ces personnes sont désignées par les pronoms personnels *je, tu*, ou *vous, il, elle*, ou un nom singulier; pour le singulier, comme *j'étudie, tu étudies* ou *vous étudiez, il* ou *elle étudie; l'enfant étudie. Nous, vous, ils, elles*, ou un nom pluriel, ou plusieurs noms singuliers pour le pluriel: comme *nous étudions, vous étudiez, ils* ou *elles étudient; les enfants étudient, Pierre et Paul étudient*.

On distingue encore deux sortes de verbes, les verbes *personnels* et *impersonnels*.

On appelle verbes personnels tous ceux qui peuvent se conjuguer avec trois personnes au singulier, et trois personnes au pluriel; exemple: *je bois, tu bois, il boit, nous buvons, vous buvez, ils boivent*.

On appelle impersonnels ceux qui ne se conjuguent qu'avec le pronom *il* et à la troisieme personne du singulier, comme *il faut, il importe, il pleut.*

Remarque. Un verbe est impersonnel lorsqu'on ne peut pas mettre un nom à la place du pronom *il :* ainsi *il importe*, est impersonnel, parce qu'on ne peut pas dire *un homme importe. Il boit* est personnel, parce qu'on peut mettre un nom à la place du mot *il*, et dire *un homme boit.*

CHAPITRE VI.

DU PARTICIPE.

LE participe est un mot qui qualifie un objet par l'idée de la signification du verbe dont il dérive; exemples : *Pierre aimant, jardin cultivé; aimant* et *cultivé* qualifient les objets *Pierre* et *jardin*, par l'idée de la signification des verbes *aimer, cultiver.*

Il y a deux participes, le participe présent et le participe passé.

Le participe présent, présente l'objet remplissant la signification du verbe dont il dérive ; exemple : *l'écolier écrivant.*

Le participe passé présente l'objet comme qualifié par la signification du verbe dont il dérive; exemple : *la lettre écrite.*

De la conjugaison des verbes.

Pour exprimer toutes les manieres sous lesquelles se présentent l'existence, les actions ou les impressions qu'exprime le verbe, on a inventé les modes.

Les modes sont différentes manieres de conjuguer un verbe.

Il y a cinq modes; savoir: l'infinitif, l'indicatif, le conditionnel, le subjonctif et l'impératif.

L'infinitif est une maniere de signifier vague et indéterminée, sans nombres ni personnes. Comme *lire, être, dormir.* Je fais seulement entendre la signification du verbe. L'indicatif est une maniere de signifier déterminée et formant un sens; exemple: quand je dis *j'aime la vertu; vous m'avez rendu service.* Ces phrases forment un sens. Le conditionnel est une maniere de signifier conditionnelle: c'est-à-dire suivie d'une condition; exemple: *je lirois si j'en avois le temps.* On voit que la chose que je me propose, dépend d'une condition.

Le subjonctif est une maniere d'exprimer les divers temps des verbes avec une dépendance nécessaire de quelques mots précédents; exemple: *il faut que je fasse un discours;* ce mot *je fasse,* suppose nécessairement quelques mots qui le précédent.

L'impératif est une maniere qui signifie

la priere, le commandement ou l'exhortation, comme *sois sage*, *lis*, *dors*.

Chaque mode a des temps.

Les temps sont différentes terminaisons que l'on donne au verbe pour faire connoître le temps de l'existence, de l'action ou de l'impression que le verbe exprime, comparé au moment de la parole ou à un autre événement, comme quand je dis *j'écris*, je compare l'action d'écrire au moment ou je parle; et quand je dis *j'écrivois quand vous êtes venu*; je compare l'action d'écrire avec une autre événement.

Si l'on compare le temps de l'existence, de l'action ou de l'impression qu'exprime le verbe, au temps de la parole; il n'y a que trois temps, *le présent*, *le passé*, *le futur*; le présent marque l'existence, l'action ou l'impression au temps où l'on parle, comme *j'écris*.

Le passé marque l'existence, l'action ou l'impression avant le temps où l'on parle, comme *j'ai écrit*.

Le futur marque l'existence, l'action ou l'impression après le temps où l'on parle; comme *j'écrirai*.

Si l'on compare le temps de l'existence, de l'action ou de l'impression qu'exprime le verbe avec un autre événement; on a inventé d'autres temps, pour exprimer ces rapports. Ces temps sont l'imparfait, le parfait, le prétérit indéfini, le prétérit antérieur, le plusque parfait et le futur passé.

Premier mode infinitif.

L'infinitif présent est toujours précédé d'un verbe, et se rapporte au temps marqué par le verbe : *j'entends, j'ai entendu, j'entendrai votre sœur chanter.*

Le participe présent se rapporte au temps marqué par le verbe dont il est précédé : *il va, il est allé, il ira toujours courant.*

Le participe passé a la signification du verbe et est employé comme adjectif : *j'ai écrit une lettre, la lettre écrite.*

Second mode indicatif.

L'indicatif présent désigne l'existence, l'action ou l'impression d'une chose dans le temps où l'on parle, comme *je suis, je mange.*

Le prétérit indéfini désigne l'existence, l'action ou l'impression d'une chose, dans un temps qui n'est pas désigné, ou qui étant désigné, n'est pas écoulé, *j'ai écrit cette semaine plusieurs lettres* ou *j'ai écrit plusieurs lettres.*

L'Imparfait désigne l'existence, l'action ou l'impression d'une chose qui étoit présente dans le temps qu'une autre s'est faite : comme quand on dit *j'étois à table lorsque vous êtes arrivé.*

Le plusque parfait marque l'existence, l'action ou l'impression d'une chose qui étoit finie quand une autre s'est faite; comme quand on dit *j'avois achevé mon ouvrage quand vous avez commencé le vôtre.*

Le parfait

Le parfait désigne l'existence, l'action ou l'impression d'une chose faite dans un temps déterminé qui est absolument écoulé; comme quand on dit: *je reçus hier votre lettre, je rendis mes comptes la semaine passée.* Hier et la semaine passée sont des temps déterminés et absolument écoulés.

Le prétérit antérieur désigne l'existence, l'action ou l'impression d'une chose faite avant une autre, dans un temps dont il ne reste plus rien, comme quand on dit: *je m'en allai aussitôt que j'eus vu mon ami.*

Le futur simple désigne l'existence, l'action ou l'impression d'une chose qui se fera dans un temps qui n'est pas encore; exemple: *la vertu sera récompensée.*

Le futur composé marque qu'une chose qui n'est pas encore, sera passée, quand une autre arrivera; comme quand on dit: *quand j'aurai fini toutes mes affaires, je vous irai voir.*

Troisieme mode conditionnel.

Le conditionnel présent marque qu'une chose seroit ou se feroit moyennant une condition; comme quand on dit: *je vous aimerois si vous remplissiez vos devoirs.*

Le conditionnel passé marque qu'une chose auroit été faite, si certaine condition avoit eu lieu; comme quand on dit: *j'aurois lu votre ouvrage, si j'en avois eu le temps.*

Quatrieme mode subjonctif présent ou futur.

On l'appelle présent ou futur, parce qu'il s'emploie aussi souvent dans le sens de l'un

E

que dans le sens de l'autre ; exemple, dans cette phrase, *croyez-vous que votre frere vienne.* *Vienne* marque un présent si l'on veut dire *que votre frere est en chemin* ; un futur si l'on veut dire *qu'il viendra.*

La définition de l'imparfait, du prétérit, et du plusque-parfait, est la même que celle des temps pareils de l'indicatif, avec cette différence que ceux-ci sont dépendants des mots qui les précédent.

Cinquieme mode impératif. Ce mode n'a point de premiere personne, parce que l'on ne se commande pas soi-même. Il marque un présent par rapport à l'action de commander et un futur par rapport à l'action commandée ; exemple : *Défiez-vous de vous même ; et attendez toujours mes conseils*, c'est-à-dire vous vous *défierez* de vous même et vous *attendrez*.

Il y a encore d'autres temps composés qu'on appelle surcomposés ; ils se forment en ajoutant le participe passé *eu* du verbe *avoir*, aux temps composés du prétérit indefini, du plusqueparfait, du futur passé et du conditionnel passé. Exemple : *il a quitté la campagne dès qu'il a eu dîné. Je vous aurois appellé si j'avois eu fini mes affaires. Il sera sorti aussitôt qu'il aura eu achevé sa lettre. J'aurois eu fini plutôt, si l'on ne m'eût pas interrompu.*

On distingue deux sortes de temps ; les temps simples et les temps composés.

Les temps simples sont les différentes terminaisons du verbe ; comme *j'ai*, *tu as*, *il a*, etc.

Les temps composés se forment par l'addition du participe passé avec les temps simples, comme *j'ai eu*, *tu as eu*, *il a eu*.

Il y a deux verbes que l'on nomme auxiliaires, parce qu'ils aident à conjuguer tous les autres.

Nous commencerons par ces deux verbes.

Conjugaison du verbe *Avoir*.

Infinitif présent, avoir.
Participe présent, ayant.
Participe passé, eu, eue.

INDICATIF présent.

Singulier.

J'ai.
Tu as *ou* vous avez.
Il *ou* elle *ou* l'enfant a.
Nous avons.
Vous avez.
Ils ont.

PARFAIT.

J'eus.
Tu eus *ou* vous eûtes.
Il eut.
Nous eûmes.
Vous eûtes.
Ils eurent.

IMPARFAIT.

J'avois.
Tu avois *ou* vous aviez.
Il *ou* l'enfant avoit.
Nous avions.
Vous aviez.
Ils avoient.

PRÉTÉRIT indéfini.

J'ai eu.
Tu as *ou* vous avez eu.
Il *ou* elle a eu.
Nous avons eu.
Vous avez eu.
Ils *ou* elles ont eu.

PRÉTÉRIT antérieur.

J'eus eu.
Tu eus *ou* vous eûtes eu.
Il *ou* l'enfant eut eu.
Nous eûmes eu.
Vous eûtes eu.
Ils eurent eu.

PLUSQUE-PARFAIT.

J'avois eu.
Tu avois *ou* vous aviez eu.
Il avoit eu.
Nous avions eu.
Vous aviez eu.
Ils avoient eu.

FUTUR.

J'aurai.
Tu auras *ou* vous aurez.
Il aura.
Nous aurons.
Vous aurez.
Ils auront.

FUTUR passé.

J'aurai eu.
Tu auras *ou* vous aurez eu
Il aura eu.
Nous aurons eu.
Vous aurez eu,
Ils auront eu.

CONDITIONNEL

présent.

J'aurois.
Tu aurois *ou* vous auriez.
Il auroit.
Nous aurions.
Vous auriez.
Ils auroient.

CONDITIONNEL, passé.

J'aurois eu.
Tu aurois *ou* vous auriez eu.
Il auroit eu.
Nous aurions eu.
Vous auriez eu.
Ils auroient eu.

SUBJONCTIF

présent ou futur.

Il faut que j'aie.
Que tu aies *ou* que vous ayez.
Qu'il ait.
Que nous ayons.
Que vous ayez.
Qu'ils aient.

IMPARFAIT.

Il faudroit que j'eusse.
Que tu eusses *ou* que vous eussiez.
Qu'il eût.
Que nous eussions.
Que vous eussiez.
Qu'ils eussent.

PRÉTÉRIT.

Il a fallu que j'aie eu.
Que tu aies *ou* vous ayez eu.
Qu'il ait eu.
Que nous ayons eu.
Que vous ayez eu.
Qu'ils aient eu.

PLUSQUE-PARFAIT.

Il auroit fallu que j'eusse eu.
Que tu eusses *ou* que vous eussiez eu.
Qu'il eût eu.
Que nous eussions eu.
Que vous eussiez eu.
Qu'ils eussent eu

IMPÉRATIF,

point de prem. personne.

Aie *ou* ayez.
Qu'il *ou* l'enfant ait.

Ayons.
Ayez.

Qu'ils aient.

Conjugaison du verbe *être*.

Infinitif présent, être.
Participe présent, étant.
Participe passé, été.

INDICATIF présent.

Je suis.
Tu es *ou* vous êtes.
Il est.
Nous sommes.
Vous êtes.
Ils sont.

PARFAIT.

Je fus.
Tu fus *ou* vous fûtes.
Il fut.
Nous fûmes.
Vous fûtes.
Ils furent.

IMPARFAIT.

J'étois.
Tu étois *ou* vous étiez.
Il étoit.
Nous étions.
Vous étiez.
Ils étoient.

PRÉTÉRIT INDÉFINI.

J'ai été.
Tu as *ou* vous avez été.
Il a été.
Nous avons été.
Vous avez été.
Ils ont été.

PRÉTÉRIT antérieur.

J'eus été.
Tu eus *ou* vous eûtes été.
Il eut été.
Nous eûmes été.
Vous eûtes été.
Ils eurent été.

PLUSQUE PARFAIT.

J'avois été.
Tu avois *ou* vous aviez été.
Il avoit été.
Nous avions été.
Vous aviez été.
Ils avoient été.

FUTUR.

Je serai.
Tu seras *ou* vous serez.
Il sera.
Nous serons.
Vous serez.
Ils seront.

FUTUR passé.

J'aurai été.
Tu auras *ou* vous aurez été.
Il aura été.
Nous aurons été.
Vous aurez été.
Ils auront été.

CONDITIONNEL

présent.

Je serois.
Tu serois *ou* vous seriez.
Il seroit.
Nous serions.
Vous seriez.
Ils seroient.

CONDITIONNEL

passé.

J'aurois été.
Tu aurois *ou* vous auriez été.
Il auroit été.
Nous aurions été.
Vous auriez été.
Ils auroient été.

SUBJONCTIF

présent ou futur.

Que je sois.
Que tu sois *ou* vous soyez.
Qu'il soit.
Que nous soyons.
Que vous soyez.
Qu'ils soient.

IMPARFAIT.

Que je fusse.
Que tu fusses *ou* vous fussiez.
Qu'il fût.
Que nous fussions.
Que vous fussiez.
Qu'ils fussent.

PRÉTÉRIT.

Que j'aie été.
Que tu aies *ou* vous ayez été.
Qu'il ait été.
Que nous ayons été.
Que vous ayez été.
Qu'ils aient été.

PLUSQUE-PARFAIT.

Que j'eusse été.
Que tu eusses *ou* vous eussiez été.
Qu'il eût été.
Que nous eussions été.
Que vous eussiez été.
Qu'ils eussent été.

IMPÉRATIF.

Sois *ou* soyez.
Qu'il soit.
Soyons.
Soyez.
Qu'ils soient.

Remarque sur les verbes *avoir* et *être*. *Avoir* peut être employé sous différents rapports, comme verbe *actif*, ou comme verbe *auxiliaire*. *Avoir* est verbe actif lorsqu'il a un objet, comme *j'ai un tableau*, *tableau* est l'objet de *ai*.

Avoir est verbe auxiliaire lorsqu'il est suivi du participe passé d'un verbe; alors il forme les temps composés, 1.º de lui-même, 2.º du verbe *être*, 3.º de tous les verbes actifs, 4.º de la plupart des verbes neutres, 5.º des verbes impersonnels.

Être peut être aussi employé sous deux rapports, ou comme verbe *substantif*, ou comme verbe *auxiliaire*.

Être est verbe substantif lorsqu'il est suivi d'un adjectif ou d'un nom qui se rapporte au nominatif du verbe, comme dans cet exemple: *l'étude est un plaisir*.

Être est verbe auxiliaire lorsqu'il est suivi du participe passé d'un verbe, il forme les temps composés; 1.º des verbes passifs dans tous leurs temps, 2.º d'une partie des verbes neutres, 3.º de tous les verbes réfléchis.

Voici une regle dont on pourra se servir pour savoir quand un verbe neutre prend le verbe auxiliaire *avoir* ou *être*; si le participe du verbe neutre peut être joint à un nom; ce verbe se conjugue avec l'auxiliaire *être*; on dit *je suis tombé*, parce qu'on peut dire *un homme tombé, une femme tombée*.

Si le participe au contraire ne peut pas être joint à un nom, le verbe prend l'auxiliaire *avoir*. On dit *j'ai parlé, j'ai dormi*, parce qu'on ne peut pas dire *un homme parlé*, ni *un homme dormi*.

Il y a des verbes qui se conjuguent indifféremment avec *avoir ou être*, comme *accourir, périr, apparoître, comparoître, disparoître, croître, décroître, accroître, recroître.*

D'autres prennent *avoir* ou *être*, suivant la maniere dont ils sont employés. *Convenir* signifiant *être convenable*, prend *avoir* ; exemple : *ce jardin vous auroit convenu.*

Il prend *être* quand il signifie *être d'accord*; exemple : *ils sont convenus du prix.*

Demeurer signifiant faire sa demeure, prend *être*; *il est demeuré à Paris*. Il prend *avoir* quand il marque qu'on n'est plus dans le lieu dont on parle ; exemple : *il a demeuré quelque temps à Rome.*

Demeurer signifiant *rester*, prend toujours *être*.

Les verbes *descendre, échapper, monter, passer*, prennent *avoir* lorsqu'ils ont un objet ou régime simple, on dit *il a descendu le bois, échappé le danger, monté la pendule, les troupes ont passé le Rhin*. Mais quand ils n'ont point d'objet, ils prennent *être* ; *il est descendu ciel, le voleur est échappé, le rouge lui est monté au visage, cette mode est passée.*

Tous les verbes ne se conjuguent pas de la même maniere, leur différence dépend de celle qui se trouve dans les terminaisons de toutes les parties du verbe et principalement de celles de l'infinitif. Les différentes terminaisons de l'infinitif dans les verbes se réduisent à quatre principales, qui forment quatre classes.

La premiere comprend les verbes dont l'infinitif est en *er*, comme *aimer*.

La seconde comprend les verbes dont l'infinitif est en *ir*, comme *finir*.

La troisieme comprend les verbes dont l'infinitif est en *oir*, comme *recevoir*.

La quatrieme comprend les verbes dont l'infinitif est en *re*, comme *rendre*.

Chaque classe se divise en conjugaison selon la différente terminaison des temps primitifs. On appelle ainsi ceux dont tous les autres temps se forment. Ces temps sont *l'infinitif, le participe présent, participe passé, le présent de l'indicatif et le parfait.*

On distingue encore deux sortes de verbes, les réguliers et les irréguliers.

Les verbes réguliers sont ceux qui suivent la regle générale de la formation des temps.

Les verbes irréguliers sont ceux qui ne suivent pas la regle générale de la formation des temps, et qui ne sont pas usités à certains temps et à certaines personnes.

Pour savoir conjuguer un verbe régulier, il suffit d'en connoître les cinq tems primitifs et la maniere dont les autres en dérivent; en expliquant cette formation, nous y joindrons les terminaisons propres aux temps simples : elles sont les mêmes dans tous les verbes.

Du present de l'infinitif se forme le futur de l'indicatif, en changeant *r* ou *re* en *rai, ras, ra, rons, rez, ront*; exemple :

Aimer, j'aimerai, tu aimeras, il aimera, nous aimerons, vous aimerez, ils aimeront.

Rendre, je rendrai, tu rendras, il rendra, nous rendrons, vous rendrez, ils rendront.

Cependant les verbes en *enir* font le futur en *iendrai*, tenir, *je tiendrai*, et ceux en *voi* font le futur en *vrai*, recevoir, *je recevrai*.

Exceptions.

Premiere conjugaison, *aller, j'irai; envoyer, j'enverrai; renvoyer, je renverrai.*

Deuxieme conjugaison, *courir, je courrai; mourir, je mourrai; acquérir, j'acquerrai.*

Troisieme conjugaison, *avoir, j'aurai; échoir, j'écherrai; pouvoir, je pourrai; savoir, je saurai; s'asseoir, je m'asseyerai; voir, je verrai; vouloir, je voudrai; valoir, je vaudrai; falloir, il faudra; pleuvoir, il pleuvra.*

Quatrieme conjugaison, *faire, je ferai; être, je serai.*

Le conditionnel présent se forme dans tous les verbes du futur de l'indicatif, en changeant *rai* en *rois, rois, roit; rions, riez, roient; je chanterai, je chanterois, tu chanterois, il chanteroit, nous chanterions, vous chanteriez, ils chanteroient.*

Du participe présent on forme les trois personnes plurielles du présent de l'indicatif, en changeant *ant* en *ons, ez, ent.*

Aimant, nous aimons, vous aimez, ils aiment.

Finissant, nous finissons, vous finissez, ils finissent.

Recevant, nous recevons, vous recevez, ils reçoivent.

Rendant, nous rendons, vous rendez, ils rendent.

Excepté *étant*, nous sommes, *ayant*, nous avons; *sachant*, nous savons; *faisant*, vous faites; *disant*, vous dites; *redisant*, vous redites.

Nota. Quand la troisieme personne plurielle est irréguliere, elle se forme de la troisieme personne du singulier et du participe présent : on retranche la consonne finale de la troisieme personne du singulier, et l'ont ajoute *lent, ent, vent*, selon que le participe est en *lant, nant, rant, vant*.

Voulant, il veut, ils veulent.

Tenant, il tient, ils tiennent.

Recevant, il reçoit, ils reçoivent.

Mourant, il meurt, ils meurent.

Excepté *ils sont, ils font*.

De la premiere personne plurielle du présent de l'indicatif se forme l'imparfait de l'indicatif en changeant *ons* en *ois, ois, oit, ions, iez, oient*.

Nous aimons, j'aimois, tu aimois, il aimoit, nous aimions, vous aimiez, ils aimoient.

Nous finissons, je finissois, etc.

Nous recevons, je recevois, etc.

Nous rendons, je rendois, etc.

De la troisieme personne plurielle du présent de l'indicatif, se forment les trois personnes singulieres et la troisieme plurielle du subjonctif, en changeant *ent* en *e, es, e, ent*.

Ils aiment, que j'aime, que tu aimes, qu'ils aiment.

Ils finissent, que je finisse, que tu finisses, qu'ils finissent.

Ils reçoivent, que je reçoive, que tu reçoives, qu'ils reçoivent.

Ils rendent, que je rende, que tu rendes, qu'ils rendent.

Excepté *ils ont que j'aie.*
Ils peuvent, que je puisse.
Ils valent, que je vaille.
Ils veulent, que je veuille.
Ils savent, que je sache.
Ils font, que je fasse.
Ils vont, que j'aille.
Ils sont, que je sois.

La premiere et la seconde personne du pluriel du subjonctif, sont semblables aux mêmes personnes de l'imparfait de l'indicatif.

Imparfait. *Nous aimions, vous aimiez.*
Nous recevions, vous receviez.
Subjonctif. *Nous aimions, vous aimiez.*
Nous recevions, vous receviez.

Remarque sur les premieres personnes de l'indicatif.

Si la premiere personne finit en *e*, on ajoute une *s* à la seconde personne; la troisieme est semblable à la premiere, comme *j'aime, tu aimes, il aime*; si la premiere se termine par *s* ou *x*, la seconde est s'emblable

blable à la premiere et la troisieme change *s* ou *x* en *t*, *je finis, tu finis, il finit; je veux, tu veux, il veut.*

Si la premiere se termine en *cs*, *ts*, *ds*, la seconde est semblable à la premiere, on retranche *s* à la troisieme personne :

Je combats, tu combats, il combat.
Je convaincs, tu convaincs, il convainc.
Je réponds, tu réponds, il répond.

Cependant *rompre* prend un *t* après le *p*, on écrit *il rompt.*

Le parfait a quatre terminaisons différentes :

ai, as, a, âmes, âtes, erent, j'aimai.
tu aimas, il aima, nous aimâmes, vous aimâtes, ils aimerent.
is, is, it, îmes, îtes, înres, je finis.
us, us, ut, ûmes, ûtes, îrent, je reçus.
ins, ins, int, înmes, întes, înrent, je devins.

Du parfait se forme l'imparfait du subjonctif, en changeant

ai en *asse, asses, ât, assions, assiez, assent, j'aimasse, tu aimasses, il aimât.*
is en *isse, isses, ît, issions, issiez, issent, je finisse, tu finisses, il finît.*
us en *usse, usses, ût, ussions, ussiez, ussent, je reçusse, tu reçusses, il reçût.*
ins en *insse, insses, înt, inssions, inssiez, inssent, je devinsse, tu devinsses, il devînt.*

Remarque. L'avant dernière voyelle de la premiere et de la seconde personne plurielle

E

du parfait, et la derniere voyelle de la troisieme personne de l'imparfait du subjonctif, sont toujours accompagnées d'un accent circonflexe.

La seconde personne du singulier, la premiere et seconde personne du pluriel de l'impératif, sont semblables aux mêmes personnes de l'indicatif, en supprimant seulement les pronoms personnels:

Indic. prés. *J'aime, nous aimons, vous aimez.*
Impératif. *aime, aimons, aimez.*

Les troisiemes personnes sont semblables aux mêmes personnes du subjonctif:

Subjonctif. *Qu'il aime, qu'ils aiment.*
Impératif. *Qu'il aime, qu'ils aiment.*

Du participe passé on forme tous les temps composés en y ajoutant les temps simples des verbes auxiliaires *avoir* ou *être*.

J'ai aimé, j'ai fini, j'ai reçu, j'ai rendu.
Je suis tombé, je suis sorti, je suis venu.

Remarque. Pour connoître par quelle lettre se termine le participe passé d'un verbe, il faut mettre ce participe au féminin, en le joignant à un nom. Exemple, *fini* se termine par un *i*, parce qu'étant joint au mot *messe*, on dit *la messe finie*. *Ecrit* se termine par un *t*, parce qu'étant joint au mot *lettre*, on dit *la lettre écrite*. *Pris* se termine par une *s*, parce que le joignant au mot *ville*, on dit *la ville prise.*

Observation. La seconde personne du singulier, prend toujours une *s* à la fin, et la seconde personne du pluriel un *z*.

Regle pour la conjugaison des Verbes.

Les verbes réguliers conservent leurs lettres radicales des temps primitifs dans toutes les conjugaisons.

Les lettres radicales sont celles qui précédent la finale commune à tous les verbes de la même conjugaison.

Les syllabes *chant* et *rend* sont les lettres radicales du verbe *chanter* et *rendre*. Ainsi pour conjuguer un verbe sur un modele donné, il faut observer quelles sont ses lettres radicales et leur ajouter les terminaisons propres au temps et au verbe que l'on conjugue.

OBSERVATIONS ORTHOGRAPHIQUES.

De l'emploi des doubles consonnes, dans les finales radicales des verbes.

Premiere regle. Lorsque les doubles consonnes ne terminent point les lettres radicales d'un verbe, ces doubles consonnes ne souffrent aucune variation dans toute la conjugaison; ainsi *appeler*, *offrir*, *appercevoir*, *connoître*, conservent leurs doubles consonnes *pp*, *ff*, *nn*, dans toutes leurs conjugaisons.

Deuxieme regle. Si les lettres radicales se terminent à l'infinitif, par une double consonne, celle-ci doit être continuée double dans toute la conjugaison: ainsi *n* se double dans toute la conjugaison de *donner*, ainsi que dans celle de *raisonner*.

Troisieme regle. Les consonnes radicales finales *t*, *l*, *n* simples à l'infinitif peuvent seules se doubler dans le cours de la conjugaison, lorsqu'elles sont précédées et suivies d'un *e* muet. Ainsi on double *l d'appeler* dans *j'appelle*, *tu appelles* : on double *t de jeter* dans *je jette*, *tu jettes*, et *n de tenir* dans *ils tiennent*, *que je tienne*, etc. parce que les consonnes *l*, *t*, *n*, sont suivies d'un *e* muet; elles ne se doublent point si elles sont suivies d'une autre lettre. Ainsi on écrira *nous appelons*, *nous jetons*.

Excepté le verbe *mettre* et ses composés l'académie écrit *nous mettons*, *vous mettez*,

Lorsque ces consonnes sont précédées d'un autre *e* que l'*e* muet ou d'une autre voyelle, elles ne se doublent point quoiqu'elles soient suivies d'un *e* muet; ainsi on écrit *de révéler*, *je révele*; *de mêler*, *je mêle*; *de relater*, *je relate*; *d'étaler*, *j'étale*, etc.

Regle sur l'é fermé.

Toutes les fois qu'une consonne radicale finale est précédée à l'infini d'un *e* fermé : cet *e* se change en *e* grave lorsque la syllable finale est muette : ainsi *révéler*, *céler*, *inférer* font *je révèle*, *je cèle*, *j'infere*, etc.

Regle sur le c.

Pour conserver au *c* le son de l's devant

a, *o*, *u*, on est convenu de placer sous le *c* cette petite figure (ç) qu'on appelle cédille; ainsi pour lui conserver ce son dans les verbes *commencer*, *recevoir*, ... etc. Devant *a*, *o*, *u*, on écrira *je commençai*, *nous commençâmes*, *nous commençons; nous reçumes*, etc.

Regle sur le g.

Pour conserver au *g* sa prononciation dans les temps où il est suivi d'un *a* ou d'un *o*, il faut mettre un *e* muet immédiatement après le *g*, ainsi on écrira *jugeant*, *de juger*, *nous mangeons*, *de manger*.

Remarque sur les verbes dont l'infinitif est en *ayer*, *oyer*, font à la premiere personne du pluriel de l'imparfait de l'indicatif et du présent subjonctif, *yions*, *nous essayions*, *nous envoyions*; ceux en *ier* font *iions*, *nous priions*.

Premiere classe.

Cette classe n'a qu'une conjugaison.

Infinitif présent, *aimer*.
Participes présent, *aimant*.
Participe passé, *aimé*, *aimée*.

INDICATIF présent.
Sing. J'aime.
Tu aimes *ou* vous aimez.
Il *ou* elle aime.
Plur. Nous aimons.
Vous aimez.
Ils *ou* elles aiment.

PARFAIT.
J'aimai.
Tu aimas *ou* vous aimez.

Il *ou* elle aima.
Nous aimâmes.
Vous aimâtes.
Ils *ou* elles aimerent.

IMPARFAIT.

J'aimois.
Tu aimois *ou* vous aimiez
Il *ou* elle aimoit.
Nous aimions.
Vaus aimiez.
Ils *ou* elles aimoient.

PRÉTÉRIT indéfini.

J'ai aimé.
Tu as *ou* vous avez aimé.
Il *ou* elle a aimé.
Nous avons aimé.
Vous avez aimé.
Ils *ou* elles ont aimé.

PRÉTERIT antérieur.

J'eus aimé.
Tu eus *ou* vous eûtes aimé
Il *ou* elle eut aimé.
Nous eûmes aimé.
Vous eûtes aimé.
Ils *ou* elles eurent aimé.

PLU QUE-PARFAIT.

J'avois aimé.
Tu avois *ou* vous aviez aimé.
Il *ou* elle avoit aimé.
Nous avions aimé.
Vous aviez aimé.
Ils *ou* elles avoient aimé.

FUTUR.

J'aimerai.
Tu aimeras *ou* vous aimerez.
Il *ou* elle aimera.
Nous aimerons.
Vous aimerez.
Ils *ou* elles aimeront.

FUTUR-PASSÉ.

J'aurai aimé.
Tu auras *ou* vous aurez aimé.
Il *ou* elle aura aimé.
Nous aurons aimé.
Vous aurez aimé.
Ils *ou* elles auront aimé.

CONDITIONNEL présent.

J'aimerois.
Tu aimerois *ou* vous aimeriez.
Il *ou* elle aimeroit.
Nous aimerions.
Vous aimeriez.
Ils *ou* elles aimeroient.

CONDITIONNEL passé

J'aurois aimé.
Tu aurois *ou* vous auriez aimé.
Il *ou* elle auroit aimé.
Nous aurions aimé.
Vous auriez aimé.
Ils *ou* elles auroient aimé.

SUBJONCTIF présent
ou futur.

Que j'aime.
Que tu aimes *ou* vous aimiez.
Qu'il *ou* elle aime.
Que nous aimions.
Que vous aimiez.
Qu'ils *ou* elles aiment.

IMPARFAIT.

Que j'aimasse.
Que tu aimasses *ou* vous aimassiez.
Qu'il *ou* elle aimât.
Que nous aimassions.
Que vous aimassiez.
Qu'ils *ou* elles aimassent.

PRÉTÉRIT.

Que j'aie aimé.
Que tu aies *ou* vous ayez aimé.
Qu'il *ou* elle ait aimé.
Que nous ayons aimé.
Que vous ayez aimé.
Qu'ils *ou* elles aient aimé.

PLUSQUE-PARFAIT.

Que j'eusse aimé.
Que tu eusses *ou* vous eussiez aimé.
Qu'il *ou* elle eût aimé.
Que nous eussions aimé.
Que vous eussiez aimé.
Qu'ils *ou* elles eussent aimé

IMPÉRATIF,
point de prem. personne.

Aime *ou* aimez.
Qu'il *ou* elle aime.
Aimons.
Aimez.
Qu'ils *ou* elles aiment.

Ainsi se conjugent les verbes *chanter, manger, appeler,* etc. les verbes *envoyer renvoyer* sont irréguliers au futur, au conditionnel on dit *j'enverrai, je renverrai, j'enverrois, je renverrois.*

Infinitif *aller*, participe présent *allant*, participe passé, *allé, allée.*

Indicatif *je vais, tu vas, il va, nous allons, vous allez, ils vont.*

Parfait *j'allai,* imparfait *j'allois,* futur *j'irai,* conditionnel *j'irois,* subjonctif *que j'aille,* imparfait *que j'allasse,* impératif *va,* il prend une *s* quand il est suivi du pronom *y*, on dit *vas y*.

Deuxieme classe.

Cette classe comprend les verbes dont l'infinitif est en *ir*, comme *finir*, *sentir*, *ouvrir*, *tenir*, ce qui établit quatre conjugaisons, *nous en écrirons une*, et nous mettrons les temps primitifs des autres.

Premiere conjugaison.

Infinitif présent, *finir*.
Participe présent, *finissant*.
Participe passé, *fini* ou *finie*.

INDICATIF présent.

Sing. Je finis.
Tu finis *ou* vous finissez.
Il *ou* elle finit.
Plur. Nous finissons.
Vous finissez.
Ils *ou* elles finissent.

PARFAIT.

Je finis.
Tu finis *ou* vous finîtes.
Il *ou* elle finit.
Nous finîmes.
Vous finîtes.
Ils *ou* elles finirent.

IMPARFAIT.

Je finissois.
Tu finissois *ou* vous finissiez.
Il *ou* elle finissoit.

Nous finissions.
Vous finissiez.
Ils *ou* elles finissoient.

PRÉTÉRIT indéfini.

J'ai fini.
Tu as *ou* vous avez fini.
Il *ou* elle a fini.
Nous avons fini.
Vous avez fini.
Ils *ou* elles ont fini.

PRÉTÉRIT antérieur.

J'eus fini.
Tu eus *ou* vous eûtes fini.
Il *ou* elle eût fini.
Nous eûmes fini.
Vous eûtes fini.
Ils *ou* elles eurent fini.

PLUSQUE-PARFAIT.

J'avois fini.

Tu avois *ou* vous aviez fini.
Il *ou* elle avoit fini.
Nous avions fini.
Vous aviez fini.
Ils *ou* elles avoient fini.

FUTUR.

Je finirai.
Tu finiras *ou* vous finirez.
Il *ou* elle finira.
Nous finirons.
Vous finirez.
Ils *ou* elles finiront.

FUTUR passé.

J'aurai fini.
Tu auras *ou* vous aurez fini.
Il *ou* elle aura fini.
Nous aurons fini.
Vous aurez fini.
Ils *ou* elles auront fini.

CONDITIONNEL

Je finirois.
Tu finirois *ou* vous finiriez.
Il *ou* elle finiroit.
Nous finirions.
Vous finiriez.
Ils *ou* elles finiroient.

CONDITIONNEL passé.

J'aurois fini.
Tu aurois *ou* vous auriez fini.

Il *ou* elle auroit fini.
Nous aurions fini.
Vous auriez fini.
Ils *ou* elles auroient fini.

SUBJONCTIF présent ou futur.

Que je finisse.
Que tu finisses *ou* vous finissiez.
Qu'il finisse.
Que nous finissions.
Que vous finissiez.
Qu'ils finissent.

IMPARFAIT.

Que je finisse.
Que tu finisses *ou* vous finissiez.
Qu'il *ou* elle finît.
Que nous finissions.
Que vous finissiez.
Qu'ils finissent.

PRÉTÉRIT.

Que j'aie fini.
Que tu aies *ou* vous ayez fini.
Qu'il ait fini.
Que nous ayons fini.
Que vous ayez fini.
Qu'ils aient fini.

PLUSQUE-PARFAIT.

Que j'eusse fini.
Que tu eusses *ou* vous eussiez fini.
Qu'il eût fini.
Que nous eussions fini.

Que vous eussiez fini. Qu'il finisse.
Qu'ils eussent fini. Finissons.

IMPÉRATIF, Finissez.
point de prem. personne. Qu'ils finissent.
Finis *ou* finissez.

Temps primitifs des autres conjugaisons de la seconde classe.

Infin. Part. prés. Part pas. Indicat. Parfait.
Sentir, santant, senti, je sens, je sentis.
Ouvrir, ouvrant, ouvert, j'ouvre, j'ouvris.
Tenir, tenant, tenu, je tiens, je tins.

Ainsi se conjuguent *avertir*, *guérir*, *mentir*, *dormir*, *sortir*, *offrir*, *souffrir*, *cueillir* qui fait au futur *je cueillerai*; *obtenir*, *maintenir*, *bénir*, qui fait au participe passé *bénit*, *bénite* lorsque l'on parle de choses bénites par les prêtres; mais ailleurs on dit *béni*, *bénire*. *Haïr* fait à l'indicatif *je hais*, *tu hais*, *il hait*, *nous haïssons*; au parfait *je haïs*.

Irréguliers.

Infinitif. Part. prés. Part. pas. Indicatif. Parfait.
fleurir être fleur s- fleuri, il fleurit,
 en fleurs, sant,
Fleurir
 parlant
des arts. florissant,
Ouïr, ouï, j'ouïs.
Courir, courant, couru, je cours, je courus.
Mourir, mourant, mort, je meurs, je mourus.
Fuir, fuyant, fui, je fuis, je fuis.
Acquérir, acquérant, acquis, j'acquiers, j'acquis.
Vêtir, vêtant, vêtu, je vêts, je vêtis.
Cueillir, cueillant, cueilli, je cueille, je cueillis.

Troisieme classe.

Cette classe comprend les verbes dont l'infinitif est en *oir*, elle n'a qu'une conjugaison.

Infinitif présent, *recevoir*.
Participe présent, *recevant*.
Participe passé, *reçu*, *reçue*.

INDICATIF présent.

Je reçois.
Tu reçois *ou* vous recevez.
Il reçoit.
Nous recevons.
Vous recevez.
Ils reçoivent.

PARFAIT.

Je reçus.
Tu reçus *ou* vous reçûtes.
Il reçut.
Nous reçûmes.
Vous reçûtes.
Ils reçurent.

IMPARFAIT.

Je recevois.
Tu recevois *ou* vous receviez.
Il recevoit.
Nous recevions.
Vous receviez.
Ils recevoient.

PRÉTÉRIT indéfini.

J'ai reçu.
Tu as *ou* vous avez reçu.
Il a reçu.
Nous avons reçu.
Vous avez reçu.
Ils ont reçu.

PRÉTÉRIT antérieur.

J'eus reçu.
Tu eus *ou* vous eûtes reçu
Il eut reçu.
Nous eûmes reçu.
Vous eûtes reçu.
Ils eurent reçu.

PLUSQUE-PARFAIT.

J'avois reçu.
Tu avois *ou* vous aviez reçu.
Il avoit reçu.
Nous avions reçu.
Vous aviez reçu.
Ils avoient reçu.

FUTUR.

Je recevrai.
Tu recevras *ou* vous revrez.
Il recevra.
Nous recevrons.
Vous recevrez.
Ils recevront.

FUTUR passé.

J'aurai reçu.
Tu auras *ou* vous aurez reçu.
Il aura reçu.
Nous aurons reçu.
Vous aurez reçu.
Ils auront reçu.

CONDITIONNEL présent.

Je recevrois.
Tu recevrois *ou* vous recevriez.
Il recevroit.
Nous recevrions.
Vous recevriez.
Ils recevroient.

CONDITIONNEL, passé.

J'aurois reçu.
Tu aurois *ou* vous auriez reçu.
Il auroit reçu.
Nous aurions reçu.
Vous auriez reçu.
Ils auroient reçu.

SUBJONCTIF présent ou futur.

Que je reçoive.
Que tu reçoives *ou* vous receviez.
Qu'il reçoive.
Que nous recevions.
Que vous receviez.
Qu'ils reçoivent.

IMPARFAIT.

Que je reçusse.
Que tu reçusses *ou* que vous reçussiez.
Qu'il reçût.
Que nous reçussions.
Que vous reçussiez.
Qu'ils reçussent.

PRÉTÉRIT.

Que j'aie reçu.
Que tu aies *ou* vous ayez reçu.
Qu'il ait reçu.
Que nous ayons reçu.
Que vous ayez reçu.
Qu'ils aient reçu.

PLUSQUE-PARFAIT

Que j'eusse reçu.
Que tu eusses *ou* que vous eussiez reçu.
Qu'il eût reçu.
Que nous eussions reçu.
Que vous eussiez reçu.
Qu'ils eussent reçu.

IMPÉRATIF, point de prem. personne.

Reçois *ou* recevez.
Qu'il reçoive.
Recevons.
Recevez.
Qu'ils reçoivent.

Ainsi se conjuguent *devoir*, *appercevoir*, *concevoir*.

Irréguliers.

Infinitif.	Part. prés.	Part. pas.	Ind. prés.	Parfait.
Voir,	voyant,	vu,	je vois,	je vis.
Choir,		échu,		
Décheoir,	d cheant,	déchu,	je déchois,	je déchus.
Echeoir,	échéant,	échu,	il échoit,	j'échus.
Seoir,	être convenable,		il sied,	
S'asseoir,	s'asseyant,	assis,	je m'assieds,	je m'assis.
Pourvoir,	pourvoyant,	pourvu,	je pourvois	je pourvus.
Prévoir,	prévoyant,	prévu,	je prévois,	je prévis.
Mouvoir,	mouvant,	mu,	je meus,	je mus.
Pouvoir,	pouvant,	pu,	je peux ou puis,	je pus.
Savoir,	sachant,	su,	je sais,	je sus.
Valoir,	valant,	valu,	je vaux,	je valus.
Vouloir,	voulant,	voulu,	je veux,	je voulus.
Surseoir,	sursoyant.	sursis,	je surseois,	je sursis.
Apparoir.			il appert.	

Quatrieme classe.

La quatrieme classe comprend les verbes dont l'infinitif est en *re* comme *rendre*, *plaire*, *lire*, *connoître*, *craindre*, ce qui établit cinq conjugaisons; nous en conjuguerons une et ensuite nous ajouterons les temps primitifs des autres conjugaisons.

Infinitif présent *rendre*.
Participe présent *rendant*.
Participe passé *rendu*, *rendue*.

INDICATIF présent.

Je rends.
Tu rends *ou* vous rendez.
Il rend.
Nous rendons.
Vous rendez.
Ils rendent.

PARFAIT.

Je rendis.
Tu rendis *ou* vous rendîtes,
Il rendit.
Nous rendîmes.
Vous rendîtes.
Ils rendirent.

IMPARFA .

Je rendois.
Tu rendois *ou* vous rendiez.
Il rendoit.
Nous rendions.
Vous rendiez.
Ils rendoient.

PRÉTÉRIT INDÉFINI.

J'ai rendu.
Tu as *ou* vous avez rendu.
Il a rendu.
Nous avons rendu.
Vous avez rendu.
Ils ont rendu.

PRÉTÉRIT antérieur.

J'eus rendu.
Tu eus *ou* vous eûtes rendu.
Il eut rendu.
Nous eûmes rendu.
Vous eûtes rendu.
Ils eurent rendu.

PLUSQUE-PARFAIT.

J'avois rendu
Tu avois *ou* vous aviez rendu.
Il avoit rendu.
Nous avions rendu.
Vous aviez rendu.
Ils avoient rendu.

FUTUR.

Je rendrai.
Tu rendras *ou* vous rendrez.
Il rendra.
Nous rendrons.
Vous rendrez.
Ils rendront.

FUTUR passé.

J'aurai rendu.
Tu auras *ou* vous aurez rendu.
Il aura rendu.
Nous aurons rendu.
Vous aurez rendu.
Ils auront rendu.

CONDITIONNEL présent.

Je rendrois.
Tu rendrois *ou* vous rendriez.
Il rendroit.

Nous rendrions.
Vous rendriez.
Ils rendroient.

CONDITIONNEL
passé.

J'aurois rendu.
Tu aurois *ou* vous auriez rendu.
Il auroit rendu.
Nous aurions rendu.
Vous auriez rendu.
Ils auroient rendu.

SUBJONCTIF
présent ou futur.

Que je rende.
Que tu rendes *ou* vous rendiez.
Qu'il rende.
Que nous rendions.
Que vous rendiez.
Qu'ils rendent.

IMPARFAIT.

Que je rendisse.
Que tu rendisses *ou* vous rendissiez.
Qu'il rendît.
Que nous rendissions.
Que vous rendissiez.
Qu'ils rendissent.

PRÉTÉRIT.

Que j'aie rendu.
Que tu aies *ou* vous ayez rendu.
Qu'il ait rendu.
Que nous ayons rendu.
Que vous ayez rendu.
Qu'ils aient rendu.

PLUSQUE-PARFAIT.

Que j'eusse rendu.
Que tu eusses *ou* vous eussiez rendu.
Qu'il eût rendu.
Que nous eussions rendu.
Que vous eussiez rendu.
Qu'ils eussent rendu.

IMPÉRATIF.

Rends.
Qu'il rende.
Rendons.
Rendez.
Qu'ils rendent.

Temps primitifs des autres conjugaisons.

Infin. pr.   Part. préf.   Part. pas.   Indicat.   Parfait.
Plaire,   plaisant,   plu,   je plais, je plus.
Conduire,   condui-   conduit,   je conduis je condui-
             sant,   sis.
Connoître,   connois-   connu,   je connois, je connus.
             sant,
Craindre,   craignant,   craint,   je crains, je craignis

Ainsi se conjuguent *vendre, entendre,* répondre, lire, construire, nuire, produire; réduire, séduire, joindre, atteindre, contraindre, plaindre, feindre, teindre, paroître.

Irréguliers.

Infinitif.	Part. prés.	Part. pas.	Idicatif.	Parfait.
Faire,	fesant,	fait,	je fais,	je fis.
Traire,	trayant,	trait,	je trais,	
Braire,			je brais,	
Soustraire	soustrayant,	soustrait,	je soustrais,	
Naître,	naissant,	né,	je nais,	je naquis.
Paître,	paissant,	pu,	je pais,	
Battre,	battant,	battu,	je bats,	je battis.
Circoncire,		circoncis,	je circoncije	circoncis
Clore,		clos,	je clos,	
Confire,		confit,	je confis,	je confis.
Luire,	luisant,	lui,	je luis,	
Absoudre	absolvant,	absous, absoute,	j'absous,	
Exclure,	excluant,	exclu, exclue, excluse,	j'exclus,	j'exclus.
Coudre,	cousant,	cousu,	je couds,	je cousis
Moudre,	moulant,	moulu,	je mouds,	je moulus.
Vivre,	vivant,	vécu,	je vis,	je vécus.
Vaincre,	vainquant	vaincu,	je vaincs,	je vainquis
Rire,	riant,	ri,	je ris,	je ris,
Suivre,	suivant,	suivi,	je suis,	je suivis.
Sondre,				
Accroître,				
Boire,	buvant,	bu,	je bois,	je bus.

Les verbes composés se conjuguent comme leurs simples; par exemple: *admettre, permettre* se conjuguent comme *mettre*.

Les verbes réfléchis se conjuguent comme les verbes actifs; mais ils sont précédés des pronoms réfléchis *me*, *te*, *se*; *nous*, *vous*, *se*, et prennent l'auxiliaire *être* aux temps composés.

Le participe passé prend le genre et le nombre du pronom réfléchi, lorsque le pronom est l'objet de l'action du verbe ou son régime simple; mais il ne prend ni genre ni nombre, s'il n'en est pas l'objet ou son régime simple.

Ainsi dans les verbes *se blesser*, le participe passé prend le genre et le nombre, parce que *se* est régime simple de *blesser*, on dit *blesser soi*.

Comme les terminaisons des temps sont les mêmes que dans les verbes actifs, nous ne mettrons que les premieres personnes de chaque temps.

Infinitif présent, se blesser.
Participe présent, se blessant.
Participe passé, blessé *ou* blessée.

INDICATIF présent.

Sing. Je me blesse.
Tu te blesses *ou* vous vous blessez.
Il *ou* elle se blesse.
Plur. Nous nous blessons.
Vous vous blessez.
Ils *ou* elles se blessent

PARFAIT.

Je me blessai.
Nous nous blessâmes.

IMPARFAIT.

Je me blessois.
Nous nous blessions.

PRÉTÉRIT indéfini.

Je me suis blessé *ou* blessée.
Tu t'es blessé *ou* blessée.
Il s'est blessé *ou* elle s'est blessée.
Nous nous sommes blessés *ou* blessées.

Vous êtes blessés *ou* blessées.

Ils se sont blessés *ou* elles se sont blessées.

PRETERIT antérieur.

Je me fus blessé *ou* blessée.

Nous nous fumes blessés *ou* blessées.

PLUSQUE-PARFAIT.

Je m'étois blessé *ou* blessée.

Nous nous étions blessés *ou* blessées.

FUTUR.

Je me blesserai.

Nous nous blesserons.

FUTUR passé.

Je me serai blessé *ou* blessée.

Nous nous serons blessés *ou* blessées.

CONDITIONNEL prés.

Je me blesserois.

Nous nous blesserions.

CONDITIONNEL passé

Je me serois blessé *ou* blessée.

Nous nous serions blessés *ou* blessées.

SUBJONCTIF
présent ou futur.

Que je me blesse.

Que nous nous blessions.

IMPARFAIT.

Que je me blessasse.

Que nous nous blessassions.

PRÉTÉRIT.

Que je me sois blessé *ou* blessée.

Que nous nous soyons blessés *ou* blessées.

PLUSQUE-PARFAIT.

Que je me fusse blessé *ou* blessée.

Que nous nous fussions blessés *ou* blessées.

IMPÉRATIF,
point de prem. personne.

Blesse-toi.

Qu'il se blesse.

Blessons-nous.

Blessez-vous.

Qu'ils se blesssent.

Conjuguez de même *se divertir, s'asseoir, se rendre*, etc.

Conjugaison du verbe s'imaginer.

Le pronom réfléchi étant en régime composé, le participe passé ne prend ni genre ni nombre.

Infinitif présent, s'imaginer.
Participe présent, s'imaginant.
Participe passé, imaginé, imaginée.

INDICATIF présent.

Je m'imagine.
Nous nous imaginons.

PARFAIT.

Je m'imaginai.
Nous nous imaginâmes.

IMPARFAIT.

Je m'imaginois.
Nous nous imaginions.

PRÉTÉRIT indéfini.

Je me suis imaginé.
Nous nous sommes imaginé.

PRÉTÉRIT antérieur.

Je me fus imaginé.
Nous nous fumes imaginé.

PLUSQUE-PARFAIT.

Je m'étois imaginé.
Nous nous étions imaginé.

FUTUR.

Je m'imaginerai.
Nous nous imaginerons.

FUTUR passé.

Je me serai imaginé.
Nous nous serons imaginé.

CONDITIONNEL présent.

Je m'imaginerois.
Nous nous imaginerions.

CONDITIONNEL passé

Je me serois imaginé.
Nous nous serions imaginé.

SUBJONCTIF.

Que je m'imagine.
Que nous nous imaginions.

IMPARFAIT.

Que je m'imaginasse.
Que nous nous imaginassions.

PRÉTÉRIT.

Que je me sois imaginé.
Que nous nous soyons imaginé.

PLUSQUE-PARFAIT.

Que je me fusse imaginé.
Que nous nous fussions imaginé.

IMPÉRATIF,   Imaginons-nous.
point de prem. personne.   Imaginez-vous.
Imagine-toi.   Qu'ils s'imaginent.
Qu'il s'imagine.

Ainsi se conjuguent tous les verbes où le pronom réfléchi n'est pas régime simple.

Pour connoître quand le pronom réfléchi est en *régime simple* ou en *régime composé*, il faut faire attention aux autres régimes du verbe. Si le verbe veut après lui un *régime simple*, alors le pronom réfléchi est en *régime composé*. Ainsi *se* joint au verbe *imaginer* est en *régime composé*, parce que *s'imaginer* veut un *régime simple* après lui ; on dit *s'imaginer quelque chose*.

Si le verbe veut après lui un *régime composé*, alors le pronom réfléchi est *régime simple*; ainsi *se* joint au verbe *se repentir*, est *régime simple*, parce que le verbe *se repentir* veut un *régime composé* après lui ; on dit *se repentir de quelque chose*.

Conjugaison des verbes réciproques.

Les verbes réciproques se conjuguent comme les verbes réfléchis, mais ils n'ont point de singulier.

Infinitif présent, s'aider.
Participe présent, s'aidant.
Participe passé, aidé, aidée.

INDICATIF présent.   Vous vous aidez.
Plur. Nous nous aidons.   Ils s'aident.

PARFAIT.

Nous nous aidâmes.
Vous vous aidâtes.
Ils s'aiderent.

IMPARFAIT.

Nous nous aidions.
Vous vous aidiez.
Ils s'aidoient.

PRÉTÉRIT indéfini.

Nous nous sommes aidés ou aidées.
Vous vous êtes aidés ou aidées.
Ils se sont aidés.

PRÉTÉRIT antérieur.

Nous nous fûmes aidés ou aidées.
Vous vous fûtes aidés ou aidées.
Ils se furent aidés.

PLUSQUE-PARFAIT.

Nous nous étions aidés ou aidées.
Vous vous étiez aidés ou aidées.
Ils s'étoient aidés.

FUTUR.

Nous nous aiderons.
Vous vous aiderez.
Ils s'aideront.

FUTUR passé.

Nous nous serons aidés ou aidées.
Vous vous serez aidés ou aidées.
Ils se seront aidés.

CONDITIONNEL

présent.

Nous nous aiderions.
Vous vous aideriez.
Ils s'aideroient.

CONDITIONNEL

passé.

Nous nous serions aidés ou aidées.
Vous vous seriez aidés ou aidées.
Ils se seroient aidés.

SUBJONCTIF

présent.

Que nous nous aidions.
Que vous vous aidiez.
Qu'ils s'aident.

IMPARFAIT.

Que nous nous aidassions.
Que vous vous aidassiez.
Qu'ils s'aidassent.

PRÉTÉRIT.

Que nous nous soyons aidés ou aidées.
Que vous vous soyez aidés ou aidées.
Qu'ils se soient aidés.

PLUSQUE-PARFAIT.

Que nous nous fussions aidés *ou* aidées.
Que vous vous fussiez aidés *ou* aidées.
Qu'ils se fussent aidés.

IMPÉRATIF.

Aidons-nous.
Aidez-vous.
Qu'ils s'aident.

Conjugaison des verbes réfléchis passivés.

Les verbes réfléchis passivés ne s'emploient qu'à la troisieme personne du singulier ou du pluriel ; le participe prend toujours le genre et le nombre du nominatif. *Parlant d'un livre* ; on dira :

INDICATIF présent.

Sing. Il se vend.
Plur. Ils se vendent.

PARFAIT.

Il se vendit.
Ils se vendirent.

IMPARFAIT.

Il se vendoit.
Ils se vendoient.

PRÉTÉRIT indéfini.

Il s'est vendu *ou* elle s'est vendue.
Ils se sont vendus *ou* elles se sont vendues.

PRÉTÉRIT antérieur.

Il se fut vendu *ou* elle se fut vendue.
Ils se furent vendus *ou* elles se furent vendues.

PLUSQUE-PARFAIT.

Il s'étoit vendu *ou* elle s'étoit vendue.
Ils s'étoient vendus *ou* elles s'étoient vendues.

FUTUR.

Il se vendra.
Ils se vendront.

FUTUR passé.

Il se sera vendu *ou* elle se sera vendue.
Ils se seront vendus *ou* elles se seront vendues.

CONDITIONNEL présent.

Il se vendroit.
Ils se vendroient.

CONDITIONNEL pas.

Il se seroit vendu *ou* elle se seroit vendue.
Ils se seroient vendus *ou* elles se seroient vendues.

SUBJONCTIF présent.

Qu'il se vende.
Qu'ils se vendent.

IMPARFAIT.

Qu'il se vendît.
Qu'ils se vendissent.

PRÉTÉRIT.

Qu'il se soit vendu *ou* qu'elle se soit vendue.
Qu'ils se soient vendus *ou* qu'elles se soient vendues.

PLUSQUE-PARFAIT.

Qu'il se fut vendu *ou* qu'elle se fut vendue.
Qu'ils se fussent *ou* qu'elles se fussent vendues.

Conjugaison des verbes passifs.

Il n'y a qu'une seule conjugaison pour tous les verbes passifs; elle se fait avec l'auxiliaire *être* dans tous ses temps, et le participe passé du verbe que l'on veut conjuguer. Le participe passé prend le genre et le nombre du nominatif du verbe. Nous ne mettons ici que le premier temps et la premiere personne du singulier et du pluriel des autres temps.

INDICATIF présent.

S. Je suis aimé *ou* aimée.
Tu es aimé *ou* aimée.
Il est aimé *ou* elle est aimée.
Plur. Nous sommes aimés *ou* aimées.
Vous êtes aimés *ou* aimées.
Ils sont aimés *ou* elles sont aimées.

PARFAIT.

Je fus aimé *ou* aimée.
Nous fumes aimés *ou* aimées.

IMPARFAIT.

J'étois aimé *ou* aimée.

Nous étions aimés ou aimées.

PRÉTÉRIT indéfini.

J'ai été aimé ou aimée.
Nous avons été aimés ou aimées.

PRÉTÉRIT antérieur.

J'eus été aimé ou aimée.
Nous eûmes été aimés ou aimées.

PLUSQUE-PARFAIT.

J'avois été aimé ou aimée.
Nous avions été aimés ou aimées.

FUTUR.

Je serai aimé ou aimée.
Nous serons aimés ou aimées.

FUTUR passé.

J'aurai été aimé ou aimée.
Nous aurons été aimés ou aimées.

CONDITIONNEL présent.

Je serois aimé ou aimée.
Nous serions aimés ou aimées.

CONDITIONNEL passé.
J'aurois été aimé ou aimée.

Nous aurions été aimés ou aimées.

SUBJONCTIF présent ou futur.

Que je sois aimé ou aimée.
Que nous soyons aimés ou aimées.

IMPARFAIT.

Que je fusse aimé ou aimée.
Que nous fussions aimés ou aimées.

PRÉTÉRIT.

Que j'aie été aimée ou aimée.
Que nous ayons été aimés ou aimées.

PLUSQUE-PARFAIT.

Que j'eusse été aimée ou aimée.
Que nous eussions été aimés ou aimées.

IMPERATIF, point de 1.re personne.

Sois aimé ou aimée.
Qu'il soit aimé ou qu'elle soit aimée.
Soyons aimés ou aimées.
Soyez aimés ou aimées.
Qu'ils soient aimés ou qu'elles soient aimées.

Conjuguez de même *être fini*, *être reçu*, *être rendu*.

Conjugaison

Conjugaison des verbes neutres.

La plupart des verbes neutres se conjuguent comme les verbes actifs avec l'auxiliaire *avoir*; comme *je dors, j'ai dormi, j'avois dormi*, etc.

Mais il y en a d'autres qui prennent l'auxiliaire *être* aux temps composés, leur participe passé suit la même regle que dans les verbes passifs; c'est-à-dire qu'il prend le genre et le nombre du nominatif du verbe. Pour savoir quand un verbe neutre prend l'auxiliaire *être* ou l'auxiliaire *avoir*, on pourra se servir utilement de la regle que nous avons donnée. Nous ne mettons ici que les premieres personnes de chaque temps.

Infinitif présent, tomber.
Participe présent, tombant.
Participe passé, tombé, tombée.

INDICATIF présent.

Sing. Je tombe.

PARFAIT.
Je tombai.

IMPARFAIT.
Je tombois.

PRETERIT indéfini.
Je suis tombé *ou* tombée.

PRETERIT antérieur.
Je fus tombé *ou* tombée.

PLUSQUE-PARFAIT.
J'étois tombé *ou* tombée.

FUTUR.
Je tomberai.

FUTUR passé.
Je serai tombé *ou* tombée.

CONDITIONNEL présent.
Je tomberois.

CONDINIONNEL pas.
Je serois tombé *ou* tombée.

SUBJONCTIF présent.
Que je tombe.

IMPARFAIT.
Que je tombasse.
PRETERIT.
Que je sois tombé *ou* tombée.
PLUSQUE-PARFAIT.
Que je fusse tombé *ou* tombée.

IMPERATIF.
point de 1.re personne.
Tombe.
Qu'il tombe.
Tombons.
Tombez.
Qu'ils tombent.

Conjuguez de même *entrer, sortir, venir, aller, arriver, mourir, décheoir, décéder, naître, partir, rester, descendre, monter, passer*, et leurs composés *devenir*, etc.

Conjugaison des verbes impersonnels.

Les verbes impersonnels se conjuguent comme les autres verbes actifs, avec l'auxiliaire *avoir* ; mais ils ne s'emploient qu'à la troisieme personne du singulier.

Infinitif présent, falloir.
Participe passé, fallu.

INDICATIF présent.
Sing. Il faut.

PARFAIT.
Il fallut.

IMPARFAIT.
Il falloit.

PRÉTÉRIT indéfini.
Il a fallu.

PRÉTÉRIT antérieur.
Il eut fallu.

PLUSQUE-PARFAIT.
Il avoit fallu.

FUTUR.
Il faudra.

FUTUR passé.
Il aura falu.

CONDITIONNEL présent,
Il faudroit.

CONDITIONNEL	IMPARFAIT.
passé.	Qu'il fallût.
Il auroit fallu.	PRÉTÉRIT.
	Qu'il ait fallu.
SUBJONCTIF.	PLUSQUE-PARFAIT.
Qu'il faille.	Qu'il eût fallu.

Ainsi se conjuguent *il importe*, *il pleut*.

CHAPITRE VII.
De l'Adverbe.

L'ADVERBE est un mot qui sert à modifier la signification du verbe ou de l'adjectif ou même de l'adverbe. Exemple : *il faut s'occupper souvent et utilement*. La signification du verbe *s'occuper* est modifiée par ces adverbes, puisqu'ils font entendre qu'il faut *s'occuper* plutôt d'une maniere que d'une autre. *Ce dessein est parfaitement beau*, la signification de l'adjectif *beau* est modifiée par le mot *parfaitement* puisqu'il fait entendre que *beau* est au suprême dégré.

Il modifie l'adverbe ; exemple : *cet enfant parle très-distinctement* ; la signification de *distinctement* est modifiée par le mot *très*, puisqu'il fait entendre que *distinctement* est au suprême dégré.

Il y a sept sortes d'adverbes, 1.º d'ordre et de rang, 2.º de comparaison, 3.º de temps, 4.º de lieu, 5.º de quantité, 6.º maniere, 7.º les adverbes, d'affirmation, de négation et de doute.

1.º Les adverbes d'ordre et de rang sont *premierement, secondement, d'abord, ensuite, après, devant, derriere, auparavant, ensemble*. Ces adverbes ne modifient que les verbes et ne peuvent pas être modifiés par d'autres adverbes. Exemple, *il faut premierement faire son devoir, ensuite on peut se divertir*.

2.º Les adverbes de comparaison sont *comme, ainsi, pareillement, aussi, plus, moins, très, fort, autant, bien, si, pis, mieux*.

Les adverbes *aussi, plus, moins, très-fort, si* modifient les adjectifs, les adverbes et les participes.

Ils modifient les adjectifs comme *cet ouvrage est plus beau, aussi beau, moins beau que le vôtre*.

Ils modifient les adverbes comme *plus sagement, moins sagement, aussi sagement*.

Ils modifient les participes, comme *il a mieux travaillé, plus travaillé, moins travaillé que vous*.

2.º Les adverbes de temps sont ceux qui répondent à la question *quand* : ces adverbes sont *hier, aujourd'hui, autrefois, demain, bientôt, quelquefois, d'ordinaire, dorénavant, jamais, toujours, souvent, tôt, tard, matin*; ces quatre derniers peuvent être modifiés par d'autres adverbes, on dit *plus souvent, plus tôt, plus tard, plus matin*, etc.

4.º Les adverbes de lieu sont ceux qui

répondent à la question *où*, comme *où*, *ici*, *là*, *y*, *delà*, *deçà*, *dessus*, *partout*, *autour*, *près*, *loin*, *dedans*, *dehors*. *Près*, *loin*, peuvent être modifiés par d'autres adverbes on dit *plus près*, *plus loin*.

5.º Les adverbes de quantité sont ceux qui répondent à la question *combien*; ils modifient par une idée de quantité. Ces adverbes sont *assez*, *trop*, *peu*, *beaucoup*, *guère*, *davantage*, *autant*, *tant*, *presque*, *encore*, *tout-à-fait*.

Les adverbes peuvent modifier *les verbes*, *les adjectifs* et *les adverbes*. Exemple : *il aime beaucoup l'étude; il est trop modeste; il a poussé la plaisanterie trop loin*.

6.º Ces adverbes de manière ou de qualité, sont ceux qui répondent à la question *comment*; ils expriment de quelle manière se font les choses, comme *bien*, *mal*, *modestement*, *sagement*.

La plupart des adverbes de manière sont terminés en *ment* et se forment des adjectifs.

1.º De la terminaison masculine en y ajoutant *ment*, quand l'adjectif se termine au masculin par une voyelle, comme *vraiment* de *vrai*, *sagement* de *sage*, *ingénument* d'*ingénu*, *poliment* de *poli*.

2.º De la terminaison féminine en ajoutant *ment*, quand l'adjectif se termine au masculin par une consonne, comme *grand*, *grande*, *grandement*, *franc*, *franche*, *franchement*, *bon*, *bonne*, *bonnement*, etc.

Nota. L'e qui précéde *ment*, est fermé

dans quelques adverbes, comme *aveuglément, commodément, expressément,* etc.

3.º Les adjectifs terminés en *ant, ent,* changent *nt* en *amment* et *emment, constant, constamment, élégant, élégamment, diligent, diligemment, prudent, prudemment,* etc.

Les adverbes de maniere peuvent être modifiés par d'autres adverbes, on dit, *il parle distinctement, plus distinctement, très-distinctement,* etc.

Il y a quelques adverbes terminés en *ment*, qui ne viennent pas des adjectifs; ce sont *comment, incessamment, momentanément, nuitamment, sciemment.*

7.º Les adverbes d'affirmation, de négation et de doute, comme *oui, certes, non, ne pas, ne point, non pas, nullement, peut-être,* etc.

Il y a des adjectifs qui sont quelquefois pris adverbialement, comme quand on dit *chanter juste, voir clair, double, trouble, frapper fort, filer doux.*

Il y a aussi des noms qui s'emploient adverbialement, comme *chanter bien, lire mal, parler raison,* etc.

En général on connoît qu'un mot est adverbe, quand il répond à quelqu'une des questions suivantes, *où, quand, combien, comment.*

CHAPITRE VIII.
DE LA PRÉPOSITION.

La préposition est un mot qui marque un rapport générique qui est déterminé par le mot qui la suit toujours. Ce mot est ce qu'on appelle le régime de la préposition, exemple : les mots *depuis, jusqu'à*, marquent des rapports génériques, si vous ajoutez *Paris* à *depuis*, *Nantes* à *jusqu'à*, ces rapports seront déterminés par ces mots, et on dira *depuis Paris jusqu'à Nantes*.

On peut distinguer les prépositions par leurs régimes, ainsi il y en a de trois sortes.

Celles qui gouvernent le régime simple accusatif, comme *après, avant, avec, chez, contre, dans depuis, derriere, dès, devant, en, entre, envers, environ, excepté, malgré, outre, par, parmi, pendant, pour, sans, selon, sous, suivant, sur, vers, dedans, dehors, dessus, dessous, hormis, hors, moyennant, touchant, voici, voila, nonobstant, sauf*, etc.

Exemple, *après la paix, avant la guerre*.

Celles qui régissent le régime composé ablatif, comme *à cause, au-deçà, au-delà, au-dessous, au-dessus, le long, auprès, autours, au travers, en deçà, en dépit, en présence, fi, hors, loin, proche, près, vis-à-vis*, etc.

Celles qui régissent le régime composé datif, comme *jusque, par rapport, quant à*.

Ainsi un mot qui n'est ni nom, ni adjectif, ni pronom, ni verbe, ni participe, est préposition quand il est suivi d'un mot qui répond à la question *qui* ou *quoi*, *de qui* ou *de quoi*, *à qui* ou *quoi*. S'il n'est suivi d'aucun mot qui réponde à ces questions; alors il est pris adverbialement; exemple: on dit *derriere la porte*, *il marche derriere*; *derriere*, devant le mot *porte*, est préposition, parce qu'il a un régime; *il marche derriere*; il est adverbe.

CHAPITRE IX.
DE LA CONJONCTION.

Les conjonctions sont des mots qui servent à lier les différentes parties du discours, comme quand on dit *parlez peu* et *pensez bien;* le mot *et* lie les mots *parlez peu*, avec les mots *pensez bien*.

Il y a plusieurs sortes de conjonctions.

1.º Celles qui assemblent les mots sous une même affirmation, ou sous une même négation, comme *et*, *aussi*, *ni*, *non plus*, *tant*, *que*, *ne pas*.

2.º Celles qui lient, en ajoutant à ce qu'on a deja avancé, *de plus*, *d'ailleurs*, *encore*, *outre que*, *au surplus*.

3.º Celles qui, en joignant les parties du discours, expriment la distinction dans les choses dont on parle, comme *ou, ou bien, soit, soit que, tantôt.*

4.º Celles qui en liant une partie du discours avec une autre, expriment une condition d'où dépend l'effet de ce qui est énoncé, comme *si, pourvu que, supposé que, en cas que, à condition que, quand, à la charge que.*

5.º Celles qui marquent opposition entre ce qui les précède et ce qui les suit : comme *mais, cependant, néanmoins, pourtant, toutefois, quoique, bien que.*

6.º Celles qui lient les parties du discours par quelques circonstances de temps, comme *avant que, dès que, tandis que, après que, aussitôt que, depuis que,* etc.

7.º Celles qui lient, en rendant raison de ce qui a été dit, comme *car, parce que, puisque, vu que, attendu que, à cause que, afin que, afin de, de peur que, de peur de, pour que.*

8.º Celles qui lient, en tirant les conséquences des propositions précédentes ; comme *donc, par conséquent, ainsi, c'est pourquoi, c'est pour cela que, de façon que, de sorte que, de maniere que.*

9.º Celles qui lient, en spécifiant les choses dont il s'agit, comme *savoir, c'est-à-dire.*

10.º Celles qui lient en comparant les choses dont on parle, comme *de même que, comme, ainsi que.*

11.ª Celles qui servent à conduire le sens à sa perfection, comme *que.*

Remarque. On distingue *que*, conjonction du *que* relatif et de *que* interrogatif, parce que *que* relatif, ayant rapport à un nom qui est devant, peut toujours se tourner par *lequel* ou *laquelle*; *que* interrogatif par *quelle chose*; aulien que *que* conjonction ne souffre aucune conversion.

CHAPITRE X.

DE L'INTERJECTION.

Les interjections sont des mots dont on se sert pour exprimer quelques mouvements de l'ame, comme *la joie, la douleur, la crainte, l'aversion, l'encouragement.*

On distingue les mouvements de l'ame par les différents tons de voix, dont on prononce l'interjection.

Ha! ah! marque de l'affliction, de l'adversion, de la crainte, de la joie et presque tous les mouvements de l'ame.

Bon, marque qu'on agrée une chose.

Ça, allons, courage, se disent pour animer ceux à qui l'on parle.

Fi, marque du dégoût, du mépris.

Hé! hélas! mon dieu! ouf! expriment différents mouvements de douleur.

Hola, hé, se disent pour appeler quelqu'un.

Oh, ho, eh, zeste, marque la dérision.

Paix, chut, se disent pour imposer silence.

INTRODUCTION
A LA
SYNTAXE.

De l'arrangement des Mots.

LA phrase est la réunion de plusieurs mots qui forment un sens complet. Exemple *L'homme de bien fait son devoir sans regarder autour de lui.*

La plus petite phrase est au moins composée de deux mots, du nominatif et du verbe. Exemple *je chante, tu ris, l'enfant dort.*

On connoît le nominatif d'un verbe en mettant *qui est-ce, qui?* devant le verbe : le mot qui répond à cette question est le nominatif du verbe : ainsi dans les exemples précédents, si je mets *qui est-ce qui?* devant *chante; je* qui répond à cette question est son nominatif. Devant *ris, tu* qui répond à la même question est nominatif du verbe *ris*. Enfin devant *dort; enfant* qui répond à la même question est aussi nominatif du verbe *dort.*

La phrase est ou expositive, ou interrogative, ou impérative.

La phrase est expositive lorsqu'on raconte ou on expose simplement quelque action ou fait historique ; dans cette phrase le nominatif se place ordinairement avant le verbe qu'il détermine. Exemple : *Le courage d'un chef consiste à s'élever au-dessus de tous les événements. Courage* est le nominatif du verbe *consiste.* Qui est-ce qui *consiste?* réponse : *courage.*

Premiere exception. Le nominatif se place après le verbe qu'il détermine, quand on rapporte les paroles de quelqu'un. Exemple : *Quand on veut élever les ames, dit Bélisaire, il faut agir grandement, Bélisaire,* nominatif du verbe *dit*, est placé après le verbe. Qui est-ce qui dit? réponse *Bélisaire.*

Deuxieme exception. Le nominatif se place après le verbe qu'il détermine, quand la phrase commence par ces mots : *tel, ainsi, ce que.* Exemple : *tel étoit son avis.* Qui est-ce qui *étoit tel?* réponse, *son avis. Ainsi se termina cette affaire. Ce que pense le philosophe n'est pas toujours ce que dicte la raison.* Il est aisé de voir que dans ces phrases les nominatifs sont placés après les verbes qu'ils déterminent.

Troisieme exception. Le nominatif se place élégamment après le verbe qu'il détermine quand il doit être suivi de plusieurs mots

qui

qui en dépendent. Exemple : *là coulent mille divers ruisseaux, qui distribuent par tout une eau claire* : *mille divers ruisseaux* sont suivis de plusieurs mots qui en dépendent, c'est pourquoi le verbe *coulent* est placé avant son nominatif. Qui est-ce qui *coulent* ? réponse *mille divers ruisseaux*.

La phrase est interrogative lorsqu'en parlant on interroge. Dans cette phrase le nominatif se place après le verbe qu'il détermine, quand ce verbe est un temps simple, entre l'auxiliaire et le participe quand c'est un temps composé. Exemple : *où trouverez-vous un homme sans défaut ?* dans cette phrase *vous*, nominatif, est placé après le verbe qu'il détermine. *N'avez-vous rien découvert sur sa destinée ? Vous*, nominatif, est placé entre le participe et le verbe auxiliaire.

Première exception. Le nominatif se place avant le verbe qu'il détermine quand après le verbe on ajoute un pronom qui désigne la même chose que le nominatif. Exemple : *l'homme vertueux sera-t-il toujours oublié ?* Dans cette phrase, *homme*, nominatif, est placé avant le verbe parce qu'on a mis après lui le pronom *il* qui désigne la même personne.

Seconde exception. Le nominatif énoncé par *qui* ou par *quel* suivi d'un nom se place toujours avant le verbe. Exemple : *Qui pourroit vous dire tout ce que je lui dois ?*

I

Quelle main inconnue vous a enlevé à tous les dangers qui menaçoient votre tête ? On voit dans ces phrases que *qui* et *quelle main* sont placés avant les verbes qu'ils déterminent.

Premiere remarque. Quand le verbe qui précéde *il*, *elle*, *on*, finit par une voyelle on met un *t*, entre deux traits d'union, entre le verbe et le pronom. Exemple : *Aime-t-on les paresseux ? viendra-t-elle ? appelle-t-il ?*

Deuxieme remarque. Comme l'usage n'admet pas toujours cette maniere d'interroger à la premiere personne, parce que la prononciation en seroit rude et désagréable, il faut prendre un autre tour et au lieu de dire *cours-je ? ments-je ? dors-je ?* il faut dire *est-ce que je cours ? est-ce que je ments ? est-ce que je dors ?*

La phrase est *impérative* lorsqu'en parlant on commande, on défend, on prie, on exhorte ; cette phrase n'a point de nominatif. Exemple : *souviens-toi que tu as été foible, pauvre et souffrant. Prends plaisir à soulager tes semblables.* Ces phrases sont *impérative* et n'ont point de nominatif.

On met au nominatif les noms qui étant joints à un participe expriment une circonstance. Exemple : *la harangue finie nous nous en allâmes. La garnison est sortie tambour battant, mèche allumée.* C'est-à-dire, quand *la harangue fut finie...* Quand *la garnison... les tambours battoient.*

Du Régime.

Le régime en général est un mot qui détermine la signification d'un autre mot dont il est l'objet. Exemple : *Cette bonne mere multiplie ses dons selon le nombre de ses enfants.* (Cette bonne mere est la terre.) *Dons* est le régime de multiplie, *nombre* celui de selon et *enfants* celui de *nombre*, parce que *dons* détermine la signification de *multiplie*, *nombre* celle de *selon*, et *enfants* celle de *nombre*.

Déterminer la signification d'un mot, c'est lui donner une signification précise.

Il y a dans les verbes deux régimes. Le *régime simple* et le *régime composé*.

Le *régime* est simple; lorsque le nom ou pronom est l'objet immédiat de l'action exprimée par le verbe. Exemple : *j'étudie ma leçon. La leçon que j'étudie est facile. J'ai vu des hommes. Leçon* est régime simple, étant l'objet immédiat de l'action du verbe *étudie*. Dans la seconde phrase l'objet est *que* placé devant le même verbe. *Des hommes* est l'objet immédiate du verbe *j'ai vu*.

On connoît qu'un nom ou pronom est régime simple lorsqu'il répond à la question *qui* ou *quoi?* placée après le verbe. Ainsi dans les exemples précédents on peut dire, *j'étudie quoi?* ma leçon, *laquelle leçon*. *Leçon* et *que* sont donc les régimes simples d'*étudie*. J'ai vu *qui?* des hommes. *Hommes* est donc le régime simple de *j'ai vu*.

Le régime est composé; lorsque le nom ou pronom est l'objet de l'action du verbe médiatement *de, du, de la, des,* ou *à, au, à la, aux.* Il y a deux régimes composés, le régime composé *Génitif* et le régime composé *Datif.*

Le régime composé génitif est marqué par *de, du, de la, des.*

On connoît qu'un nom ou pronom est régime composé *génitif* lorsqu'il répond à la question *de qui* ou *de quoi,* placée après le verbe. Exemple : *médire de quelqu'un.* Médire de qui? de quelqu'un. *Profiter du tems, de l'occasion.* Profiter de quoi? *du temps, de l'occasion. L'occasion dont je profite.* Je profite *de quoi?* de laquelle occasion. *De quelqu'un, du temps, de l'occasion* et *dont* sont en régime composé génitif des verbes auxquels ils se rapportent.

Nota. De, du, de la, des ne marquent un régime composé que lorsqu'ils répondent à la question *de qui* ou *de quoi?* S'ils répondent à la question *qui* ou *quoi?* alors ils sont régimes simples. Exemple : *j'ai lu de bons livres.* On dira j'ai lu *quoi,* et non pas *de quoi,* ainsi *de bons livres* est en régime simple.

Le régime composé datif est marqué par *au, à la, aux* exprimés ou sous-entendus.

On connoît qu'un nom ou pronom est en régime composé *datif,* lorsqu'il répond à la question *à qui* ou *à quoi?* placée après le verbe. Exemple : *plaire au Seigneur*. Plaire *à qui ?* au Seigneur. *Je succombe à la douleur. Je succombe à quoi* à la douleur. *Cette femme lui plaît.* Plaît *à qui ?* à lui. *Au Seigneur, à la douleur, à lui* sont des régimes composés datifs, des verbes auxquels ils se rapportent.

Du Régime des Verbes.

Les verbes actifs gouvernent le régime simple ou l'accusatif. Exemple : *chanter une chanson, manger une pomme. Chanter* quoi ? *une chanson ; manger* quoi ? *une pomme.*

Il y en a qui ont deux régimes l'un simple et l'autre composé, c'est-à-dire, qu'ils gouvernent en même-temps l'accusatif et le datif ou le génitif. Exemple : *enseigner la grammaire à l'enfant, recevoir quelque chose de quelqu'un* ; *enseigner* gouverne l'accusatif et le datif, et *recevoir* l'accusatif et le génitif.

La plupart des verbes réfléchis ont aussi deux régimes l'un simple et l'autre composé. Pour distinguer leurs différents régimes voyez les regles que nous avons données sur les conjugaisons des verbes réfléchis et réciproques.

Première remarque. Un nom ne peut remplir par lui-même qu'une seule fonction celle *de nominatif* ou *de régime* quand il en remplit deux il doit être représenté par un pronom. Exemple : *j'ai vu votre château qui m'a paru fort beau*, *chateau* régime *de vu* est représenté par *qui* nominatif *d'a paru*.

Deuxieme remarque. Aucun verbe de quelque espèce qu'il soit, ne peut avoir deux régimes simples ni deux régimes composés. Ainsi il y a une faute dans ce vers de Racine : *Ne vous informez point ce que je deviendrai*, *vous* et *ce* sont régimes simples *d'informer*. Il faudroit *de ce que*.

Et dans celui-ci de Boileau : *C'est à vous mon esprit à qui je veux parler*, *à vous* et *à qui* sont régimes composés *de parler*, il faudroit *que je veux*.

Le verbe passif a un régime composé marqué par la préposition *de* ou *par*. On emploi *de* quand le verbe exprime une action de l'ame. Exemple : *Je suis aimé de mes parents* On met *de* parce que *aimé* exprime un sentiment de l'ame.

On emploie *par* quand le verbe exprime une action du corps, ou une action à laquelle le corps et l'ame ont part. Exemple : *l'enfant est corrigé par le pere*, on met *par* parce que *corrigé* exprime une action du corps.

Les verbes neutres n'ont jamais de régime simple. Il y en a qui n'ont point de régime, comme *dormir, souper, exister*, etc.

Il y en a d'autres qui ont un régime composé. Comme *médire de quelqu'un, plaire à quelqu'un.*

Place du Régime.

Premiere regle. Le régime d'un verbe se place ordinairement après le verbe quand ce n'est pas un pronom. Exemple *j'aime l'homme vertueux, je profite de l'occasion, j'obéis à la loi.* J'aime qui ? *l'homme.* Je profite de quoi ? *de l'occasion.* J'obéis à qui ? *à la loi.* On voit dans ces exemples que le régime est placé après le verbe régissant.

Deuxieme regle. Mais quand le régime est un pronom il se place ordinairement avant le verbe. Exemple : *Il nous interrogea pour nous surprendre.* Il interrogea qui ? *nous;* pour surprendre qui ? *nous.* On voit dans cette phrase que le pronom *nous*, régime, est placé devant les verbes qui le régissent.

Exception. Les pronoms *moi, toi, soi, nous, vous, lui, eux, elles, y,* se placent après le verbe dans les phrases impératives. Exemple : *rendez-moi, rendez-lui, rendez-nous ce service.*

Régime des adjectifs.

Il y a des adjectifs que gouvernent le génitif. Comme *digne de récompense, content de son sort.*

Il y en a d'autres qui gouvernent le datif. Comme *propre à la guerre, utile à l'homme.*

Régime des adverbes.

Il y a des adverbes qui ont le même régime que les adjectifs d'où ils se forment. Ainsi on dira : *J'ai agi conformément à vos instructions*, de *conforme a*....

Régime des prépositions.

Il y a des prépositions qui gouvernent l'accusatif. Exemple : *agir selon la raison*. Il y en a d'autres qui gouvernent le génitif. Exemple : *auprès du mur*. Il y en a qui gouvernent le datif. Comme *jusqu'à Paris*.

Remarque. Un nom peut-être régi par deux adjectifs ou deux verbes, pourvu que ces adjectifs ou ces verbes ne veuillent pas un régime différent. Exemple : on dira bien *le luxe amollit et corrompt les ames* ; parce que ces deux verbes régissent l'accusatif de même. On dira *cet homme est utile et cher à sa famille*. Parce que *utile* et *cher* gouvernent le datif. Mais on ne dira pas *utile et chéri de sa famille*, parce que *utile* ne peut régir *de sa famille*.

SYNTAXE.

EMPLOI DE L'ARTICLE.

Regle. L'article prend le genre et le nombre du nom qu'il annonce; exemple : *le pere, la mere, les fleurs.*

1.º Les noms employés dans un sens général et déterminé, doivent être précédés de l'article défini ; exemple : *le soleil est l'ame de l'univers.*

2.º Les noms propres *de région,* de con*trée, riviere, vent* et *montagne,* prennent l'article défini; on dit *l'Afrique, le Canada, la Seine, la Loire, le Nord, le Sud, les Alpes, les Pyrénées,* etc.

3.º Les adjectifs, les verbes employés comme nom, se font annoncer par l'article défini; on dit, *le vrai, le faux, le boire, le manger.*

On suprime l'article devant les noms.

1.º Lorsqu'ils sont employés en forme d'adresse, *rue Jean-Jacques, faubourg Saint-Germain.*

2.º Lorsqu'ils sont employés en apostrophe ou au vocatif, *courage, soldat.*

3.º Lorsqu'ils sont précédés des pronoms

qui déterminent leur signification, comme *aucun, ce, chaque, mon, ton, son, notre, votre, leur, plusieurs, certain.*

4.° Lorsqu'ils sont précédés des adjectifs de nombre *un, deux, trois, quatre, cinq, six... quatre hommes, trois volumes.*

Cependant lorsque l'adjectif de quantité employé pour l'adjectif d'ordre; alors il prend l'article; ont dit *le dix août, le vingt floréal.*

5.° Quelquefois lorsqu'une préposition et un nom ont le sens d'un adjectif ou d'un adverbe, comme, *il étoit sans pudeur,* c'est-à-dire *impudent; il étudie avec attention,* c'est-à-dire *attentivement.*

6.° Lorsqu'ils sont précédés de la préposition *en; regarder en pitié, aller en ville, travailler en chambre.*

7.° Lorsqu'ils sont employés dans un sens vague et indéterminé; comme, *le sage n'a ni haine, ni amour.*

8.° Lorsque les noms sont si intimement unis au verbe, qu'ils expriment avec eux une sorte d'action; comme, *avoir soin, prendre garde, faire pitié, porter envie, faire grace,* etc.

9.° Lorsqu'ils sont placés après les verbes substantifs; comme, *être homme, devenir soldat,* etc.

10.° Les noms propres de divinités, de hommes, de places et de lieux particuliers, excluent l'article défini, *Junon, Jupiter,*

Pierre, Paul, Londres, Paris, Valence, Toulon, Corfou, etc.

Exception. Lorsque ces noms sont employés dans un sens générique ou qualifiés par un adjectif, ou formés d'un nom commun ils prennent l'article défini. On dira *les les Césars et les Alexandres*; on dit *l'ancienne Rome, la Nouvelle-Orléans, le Caire, la Mecque, la Rochelle, le Gnide, l'Arioste, le Gange, le Tasse,* etc.

Deuxième exception. L'article accompagne les adjectifs joins aux noms propres, pour distinguer la personne dont on parle, de toute autre qui porteroit le même nom; on dit, *Louis le grand, le juste, le débonnaire,* etc.

à, au, à la, aux, servent quelque fois à annoncer le nom qui exprime la composition des choses ou la maniere dont elles sont faites; exemple, *pommade à la vanille, sauce à l'oignon, peinture à l'huile, coiffure à l'antique, habit à la mode*, etc. Leur usage, *cuiller à café, pot à l'eau,* etc. L'endroit, où l'on va, *allez à Paris, au marché, à la foire*, etc. Le temps, *au commencement du mois, au printemps,* etc. A désigner quelque chose par quelques traits distinctifs; *la poule aux œufs d'or,* etc. Par la propriété; *pays à pâturages, pierre à feu*; etc. Par l'attitude; *figure à genou, couché à la renverse,* etc. Par la capacité; *voiture à huit places, chaise à deux places,* etc. Pour le prix; *vin à cinquante centimes.*

Au s'emploie pour *dans*; exemple : *être au lit*, c'est-à-dire *dans le lit*.

Pour *avec* : *toucher au doigt*, c'est-à-dire *avec le doigt*.

Pour *selon* : *au jugement de tous les hommes*, c'est-à-dire *selon*.

De, du, de la, des, servent quelquefois à exprimer un simple rapport entre deux noms, dont le second détermine la signification du premier ; exemple : *le cours de la rivière, le penchant de la montagne*.

Quelquefois le second nom a le sens d'un adjectif ; exemple : *croix d'or, bas de soie*, etc.

De s'emploie pour *quelque*; exemple : *j'ai lu de bons auteurs*, c'est-à-dire *quelques*.

Pour *pendant*; exemple : *il partira de nuit*, c'est-à-dire *pendant*.

Pour *sur*; exemple ; *parlons de votre affaire*, c'est-à-dire *sur*.

Pour *depuis*; exemple : *de Paris à Lyon*, c'est-à-dire *depuis*.

Du s'emploie pour *pendant* ou *depuis* ; *du consulat de Bonaparte*, c'est-à-dire *pendant* ou *depuis le consulat*.

Pour *vers*; *du côté du midi*, c'est-à-dire *vers*.

L'article se répéte lorsque le superlatif relatif est placé après le nom qu'il qualifie; exemple ; *je parle de la femme la plus aimable*.

Remarque. A verbe, troisieme personne du verbe *avoir*, ne prend jamais d'accent.

à article ou préposition, est toujours accompagné d'un accent.

La article ou pronom ne prend jamais d'accent.

Là adverbe est toujours accompagné de l'accent grave, *allez-là*.

Du article, ne prend jamais d'accent.

Dû participe passé du verbe *devoir*, est toujours accompagné de l'accent circonflêxe.

Des article, ne prend point d'accent.

Dès préposition, est accompagné de l'accent grave; exemple: *dès le point du jour*.

Emploi des Adjectifs.

Premiere regle. L'adjectif se met au même genre et au même nombre que le nom qu'il qualifie; c'est-à-dire, si le nom est au masculin et au singulier; on mettra l'adjectif au masculin et au singulier; ainsi on dira *une homme vertueux*, *une femme vertueuse*.

Vertueux est au masculin singulier, parce que *homme* est du masculin et du singulier.

Vertueuse est au féminin singulier, parce que *femme* est du féminin et du singulier.

On fera le même raisonnement pour le pluriel.

Nota. Les participes employés comme adjectifs, suivent les mêmes regles.

Premiere exception. Les adjectifs *nû* et

K

demi, ne prennent ni genre ni nombre; quand ils sont mis devant les noms qu'ils qualifient; on dit, *nu pieds*, *nu jambes*, *nu tête*, *une demi-livre*, *une demi-douzaine*.

Mais ils prennent le genre et le nombre si ils sont mis après les noms; on dira *les pieds nus*, *les jambes nues : la tête nue*, *une livre et demie*, *une douzaine et demie*.

Deuxieme exception. Le mot *gens* veut au féminin l'adjectif qui le précéde et au masculin celui qui le suit; on dit, *ce sont de fort bonnes gens*; *ce sont des gens fort bons*. *Les vieilles gens sont soupçonneux*. On dit *vieilles* et *bonnes*, parce que ces adjectifs sont placés devant le mot *gens* : on dit au contraire *bons* et *soupçonneux*, parce qu'ils sont placés après le mot *gens*.

Masculin singulier *tout*, pluriel *tous*. Féminin singulier *toute*, pluriel *toutes*.

On dit : *tous les gens*.

Premiere remarque. *Tous* se met au masculin, lorsque *gens* est précédé d'un adjectif qui a la même terminaison au féminin, qu'au masculin; ainsi on dira : *tous les honnêtes gens*. *Tous les habiles gens*. On met *tous*, parce que *honnête* et *habile* ont la même terminaison au féminin qu'au masculin.

Mais lorsque *tous* est mis devant un adjectif dont la terminaison féminine est différente de la masculine, alors on met *toutes*. Ainsi on dira, *toutes les vieilles gens*, *toutes les méchantes gens* : on dit *toutes*, parce que *vieilles* et *méchantes*, ont une terminaison différentes au masculin qu'au féminin. *Vieille*, fait au masculin *vieux* ; *méchante* fait *méchant*.

Deuxieme remarque. *Tout* dans le sens de *entier*, *la totalité*, etc. prend le genre et le nombre du nom auquel il se rapporte ; exemple : *tout le pays, tous les hommes, toutes les filles*.

Mais *tout* signifiant *quoique*, *très*, *entiérement* a une construction peu réguliere.

Tout placé devant un adjectif masculin ou un adjectif féminin pluriel qui commence par une voyelle ou une *h* muette, se met toujours au masculin singulier. Exemple : *il est tout interdit, ils sont tout silencieux*: on met *tout silencieux*, non pas *tous* ; parce que l'adjectif est au masculin. *Ces femmes sont tout affligées, tout abattues*. On met *tout* non pas *toutes* ; quoique les adjectifs soient au féminin pluriel ; parce qu'ils commencent par une voyelle.

Tout placé devant un adjectif féminin qui commence par une consonne, ou devant un adjectif féminin singulier qui commence par une voyelle, prend le genre et le nombre de l'adjectif ; exemple : *la campagne est toute belle, toute riante ; ces femmes toutes dévotes qu'elles se disent, ménagent peu le prochain* ; on met *toutes*, non pas *tout*, parce que les adjectifs commencent par une consonne. *Cette femme est toute étonnée :* on met *toute* et non pas *tout*, parce que l'adjectif féminin commençant par une voyelle, est au singulier.

Trois. Rem. Quand il y a un nom seul ou accompagné de son adjectif, entre *quelque* et *que*, le *nom* et *quelque* se mettent au pluriel; exem. *quelques richesses que vous ayez; à quelques brillans emplois que vous soyez élevé, ne méprisez jamais personne.* On met *quelques* au pluriel parce que le nom est placé entre *quelque* et *que*; mais si entre *quelque* et *que*, il n'y a qu'un adjectif séparé de son nom, *quelque* ne prend point d's; exemple *quelque grossieres que soient les mœurs d'un homme, on vient à bout de les adoucir par l'éducation.* On met *quelque* au singulier parce que l'adjectif est séparé de son nom.

Si le nom n'est placé qu'après le *que* et le verbe; alors il faut écrire en deux mots séparés *quel* et *que*; *quel* seul prend le genre et le nombre du nom; exemple: *quel que soit votre crédit, quelles que soient vos richesses, vous ne devez pas en abuser.* On met *quel, que, quelles, que,* parce que le nom est placé après le *que* et le *verbe*.

Quatrieme remarque. Amour est masculin au singulier; on dit *un amour constant.*

Et féminin au pluriel; on dit *des amours constantes.*

Les *amours* pris pour les grâces personnifiés est masculin; *les amours badins, les petits amours.*

Délice est masculin au singulier; exemple: *c'est un grand délice.*

Délices est féminin au pluriel; *ce sont mes plus cheres délices.*

Orgue est masculin au singulier; exemple: *l'orgue de cette église est beau.*

Orgues est féminin au pluriel; *les orgues de cette église sont belles.*

Automne est masculin et féminin; *l'automne a été froid* ou *l'automne a été froide.*

Chose est féminin; mais *quelque chose* est masculin; on dit, *quelque chose de bon*, et non pas *de bonne.*

Il faut cependant observer que *quelque chose* est féminin s'il y a un adjectif entre *quelque* et *chose*; on dit *quelque belle chose, quelque bonne chose.*

Nota. Souvent un adjectif est employé comme adverbe, alors le masculin lui tient lieu d'adverbe; exemple: *cette femme chante faux, elle parle haut.*

Deuxieme regle. Quand un adjectif se rapporte à plusieurs noms singuliers, de même genre, on met cet adjectif au pluriel et au même genre que les noms auxquels il se rapporte; exemple; *le riche et le pauvre, le général et le soldat sont égaux après la mort* et non pas *égal*, parce que cet adjectif se rapporte à plusieurs noms masculins singuliers.

La mere et la fille sont heureuses; *heureuses* est au féminin pluriel; parce qu'il se rapporte à plusieurs noms féminins.

Troisieme regle. Quand un adjectifs se

rapporte à plusieurs noms singuliers et de différents genres, on doit mettre cet adjectif au pluriel masculin; exemple; *le papier et la plume sont légers. J'ai vu votre pere et votre mere très-contents.* On met *légers* et non pas *legeres*; *contents* et non pas *contentes*; parce que ces adjectifs se rapportant à des noms de différents genres, doivent être mis au masculin pluriel.

Exc. Si l'adjectif se rapporte à des noms de choses inanimées, et s'il est immédiatement placé après ces noms; alors il prend le genre et le nombre du dernier nom; exemple : *il avoit les pieds et la tête nue*; et non pas *nus*; parce que cet adjectif qualifiant des noms de choses inanimées et étant placé immédiatement après ces noms, prend le genre et le nombre du dernier nom *tête*: ainsi on dira *cet acteur joue avec un goût et une noblesse charmante*, et non pas *charmants*, parce qu'il prend le genre et le nombre de *noblesse*.

Remarque. Il arrive souvent que les adjectifs n'ont rapport à aucun nom exprimé dans le discours, alors ils se mettent au masculin et se rapportent à un nom vague et général qui est sous-entendu et que l'on peut rendre par un de ces mots *chose* ou *homme*: comme quand on dit *il est utile d'étudier;* c'est-à-dire, *c'est une chose utile. Les savants vous admirent*, c'est-à-dire, *les hommes savants.*

Quatrieme regle. Quand plusieurs adjectifs se rapportant à un nom, expriment des qualités qui peuvent se trouver ensemble dans un même objet; il faut mettre ces adjectifs au même genre et au même nombre que le nom ; exemple : *j'admire les rares et charmantes fleurs de votre jardin*; on met *rares* et *charmantes* parce que ces adjectifs peuvent se réunir dans un objet : une *fleur* peut être *rare* et *charmante*.

Cinquieme regle. Si ces adjectifs expriment des qualités qui ne puissent se trouver ensemble dans un même objet : l'usage veut que l'on ne répéte pas le nom ; mais l'article devant chaque adjectif, parce qu'alors il y a *ellipse*; exemple, *le jeune soldat et le vieux ont fait des prodiges de valeur*; on répéte l'article, parce que *jeune* et *vieux* ne peuvent se réunir dans un objet. Un *jeune* soldat ne peut être *vieux*. *J'ai donné à boire au grand* et *au petit cheval* : on répéte l'article pour la même raison ; un *grand* cheval ne peut être *petit*. On ne peut donc pas dire les soldats *jeune* et *vieux* ont fait..... ni j'ai donné à boire aux chevaux *grand* et *petit*.

On entend par *ellipse*, le retranchement d'un ou de plusieurs mots qui seroient nécessaires pour rendre la construction pleine. Comme quand on dit, *la Saint-Pierre*, pour *la fête de Saint-Pierre* ; *le jeune soldat* et *le vieux* pour *le jeune soldat* et *le vieux soldat*.

Six. regl. L'adjectif qui se rappotte à un nom partitif ou à un adverbe de quantité, se met aux même genre et au même nombre que le nom qui suit le nom partitif ou l'adverbe de quantité. Exemple : *une foule de nymphes couronnées de fleurs nageoient derriere le char.* On met *couronnées* au pluriel parce qu'on le fait accorder avec *nymphes* et non pas avec *foule*, nom partitif. *Peu d'hommes sont savants.* On met *savants* au pluriel pour la même raison.

Sept. regl. L'adjectif qui se rapporte à un nom collectif général, suivi d'un nom pluriel, se met au même nombre et au même genre que le collectif général : et non pas du nom pluriel ; exemple : *l'armée des infideles étoit nombreuse* et non pas *nombreux* ; en le faisant accorder avec *armée* et non pas avec *infideles*.

Remarque. Dans le sens partitif on met *de* et non pas *des* devant un adjectif suivi d'un nom ; exemple : *j'ai cueilli de belles fleurs* et non pas *des belles fleurs* ; cependant on dit *j'ai cueilli des belles fleurs de votre jardin* et non pas *de belles fleurs de votre jardin*.

Quand doit-on employer *de* ou *des* ?

On doit employer *de* quand le nom est pris dans un sens vague et indéterminé ; exemple : on dira voila *de belles fleurs* et *de bons fruits* et non pas *des*, parce que les mots *fleurs* et *fruits* sont pris dans un sens vague et indétermtné.

On doit employer *des* quand le nom est

pris dans un sens précis et déterminé ; exemple : on dira *donnez-moi des belles fleurs que je vous ai vu arroser, des bons fruits que vous m'avez fait voir* ; ici les mots *fleurs* et *fruits* sont pris dans un sens déterminé ; on parle *des fleurs*, en particulier, *que je vous ai vu arroser* et *des fruits*, en particulier, *que vous m'avez fait voir*.

Les adjectifs au comparatif et au superlatif suivent les mêmes regles que les adjectifs au positif. Ainsi on dira : *la rose est la plus belle des fleurs : la violette n'est pas la moins agréable des fleurs*. Après *la plus belle, la moins belle*, on sous-entend le mot *fleur*.

Remarque. Le avant *plus, moins, mieux* ne prend ni genre, ni nombre, quand il n'emporte pas de comparaison, alors il forme un superlatif adverbe. Exemple : *la pureté des mœurs est une chose qui contribue le plus à notre bonheur. Nous ne pleurons pas toujours quand nous sommes le plus affligés.* Dans ces exemples *le plus* n'emporte pas comparaison.

Place des Adjectifs.

Quant à la place des adjectifs les uns se mettent avant le nom comme *beau jardin, grand arbre... etc.* D'autres se mettent après le nom, comme *herbe amere, raisin sec*; etc. L'usage est le seul guide à cet égard.

Il y a des adjectifs qui placés devant le nom presentent une idée différente de celle qu'ils expriment lorsqu'ils ne sont mis qu'après le nom. M. *Suard* met ces expression au nombre des *gallicismes* ; exemple :

L'air mauvais, c'est une physionomie mauvaise.

Le mauvais air, signifie une mauvaise tournure.

L'air grand, c'est une physionomie noble.

Le grand air, c'est prendre les manieres des hommes en place.

Un homme bon, est un homme indulgent humain.

Un bon homme, est un homme de peu d'esprit.

Un homme grand, c'est un homme d'une grande taille.

Un grand homme, signifie un homme de grand mérite.

Un galant homme, signifie un homme poli.

Un homme galant, signifie un homme qui cherche à plaire aux dames.

Un pauvre homme, annonce un homme de peu de mérite.

Un homme pauvre, annonce un homme de peu de fortune.

Un vilain homme, est un homme désagréable par la figure, par la malpropreté, ou par les vices.

Un homme vilain, est un avare.

Un honnête homme, est un homme qui a des mœurs, de la probité.

Un homme honnête, est un homme poli.

Une femme sage, est une femme vertueuse.

Une sage-femme, est une éleve en chirurgie.

Une femme grosse, est une femme enceinte.

Une grosse femme, est une femme grasse.

On entend, par *gallicisme*, une construction propre et particuliere à la langue française, autorisée par le bon usage; quoiqu'elle paroisse contraire aux regles communes de la grammaire. Exemple : *il va venir, il vient de sortir, il n'est rien moins que généreux*; pour dire : li n'est point généreux, *si j'étois que de vous, etc.*

Régime des adjectifs.

Les adjectifs qui ont un sens vague, veulent après eux un mot qui détermine leur signification. Comme *digne de récompense, content de son sort, propre à la guerre, utile à l'homme. Récompense* est le régime de *digne* parce qu'il en détermine la signification. *A la guerre* est le régime *de propre* pour la même raison.

Remarque. Il faut prendre garde de donner à un adjectif un autre régime que celui que le bon usage lui accorde. Par exemple l'adjectif *digne* veut être suivi de *de* on dit *digne de*, et *prêt* veut être suivi de *à* on dit être *prêt à*.

Emploi des Ajectifs de nombre.

Quand un adjectif de nombre est précédé du pronom relatif *en*, on met élégamment *de* devant l'adjectif ou le participe qui suit l'adjectif de nombre ; et l'adjectif ou le participe se met au même genre et au même nombre que le pronom *en*. Exemple *on nous servit une corbeille pleine d'abricots, il y en eut six de mangés*. On dit *mangés* parce que ce participe se rapporte à *en* qui est au masculin pluriel. *On nous envoya une corbeille pleine de poires, il y en eut huit de mauvaises*. On met *mauvaises* parce que cet adjectif se rapporte à *en* qui est du féminin pluriel.

Les adjectifs de quantité *vingt* et *cent* prennent la marque du pluriel quand ils sont multiples d'un autre adjectif de quantité et qu'ils sont immédiatement suivis d'un nom. Ainsi on dira *quatre-vingts hommes, deux cents volumes* : on met *cent* et *vingt* au pluriel, parcequ'ils sont multiples de *quatre* et de *deux*, et qu'ils sont immédiatement suivis d'un nom. Mais s'ils sont suivis d'un autre adjectif de quantité, ils ne prennent point la marque du pluriel. Ainsi on dira *deux cent quatre-vingt huit hommes. Deux cent dix volumes. Vingt* et *cent* ne prennent point d's parce qu'ils sont suivis d'un autre adjectif de quantité.

Pour

Pour la date des années, on écrit *mil*, *la révolution a commencée en mil sept cent quatre-vingt-neuf*. *Mille* adjectif de nombre ne prend jamais *s*, *dix mille hommes*.

Mille espace de chemin, maniere de compter des anglais et des italiens, prend le nombre. Exemple, *deux milles d'italie*.

Emploi des Noms composés.

Premiere regle. Quand un nom est composé d'un adjectif et d'un nom, ils prennent l'un et l'autre la marque du pluriel, exemple : *un arc-boutant, des arcs-boutants, un bout-rimé, des bouts-rimés, un gentilhomme, des gentils-hommes*.

Deuxieme regle. Quand les noms composés sont formés d'une préposition, ou d'un verbe et d'un nom, le nom seul prend la marque du pluriel. Exemple : *un entre-sol, des entre-sols, un garde-fou, des garde-fous*, on dit cependant *des gardes-suisses, des gardes-françaises*, parce que le mot *garde* est considéré comme *nom*.

Troisieme regle. Quand ils sont composés de deux noms unis par une préposition, le premier des deux noms doit seul prendre la marque du pluriel. Exemple : *un chef-d'œuvre, des chefs-d'œuvre; un arc-en-ciel, des arcs-en-ciel*.

Exception. *Coq-à-l'âne* ne prend jamais la marque du pluriel. On ne dit pas des *coqs-à-l'âne*.

L

Emploi des pronoms.

Premiere regle. Les pronoms doivent se mettre au même nombre et à la même personne que les noms dont ils tiennent la place. Ainsi, en parlant d'une *riviere*, on dira *elle est navigable*. On met *elle* parce que ce pronom tient la place de riviere qui est du féminin singulier. En parlant de *plusieurs fruits*, on dira, *ils sont mûrs*. On met *ils* parce que ce pronom tient la place de *fruits* qui est au masculin pluriel.

Deuxieme regle. Si le pronom se rapporte à plusieurs noms singuliers et de différents genres; il faut le mettre au pluriel et au masculin; Exemple : *J'ai vu votre jardin et votre maison, ils m'ont paru fort beaux*. On met *ils* parce qu'ils se rapporte à deux noms de différents genres.

Emploi des pronoms personnels.

Les pronoms personnels peuvent être nominatif, ou régime direct, ou régime indirect

Usage et emploi des pronoms personnels.

Je, me, moi, nous, tu, te, toi, vous, désignent toujours des personnes ou des choses personnifiées; exemple : *je chante*, *tu danses. Il, elle, ils, elles, se, soi,* se disent des personnes et des choses; en parlant d'une personne, on dit *elle rit*; d'une chose *elle est belle.*

Moi, toi, sont quelquefois nominatif d'un verbe sous-entendu; exemple : *il est plus jeune que moi, que toi,* c'est-à-dire *que je ne suis jeune...* etc.

Me, te, se sont toujours le régime d'un verbe et se placent avant le verbe, ils se mettent pour *moi* ou *à moi,* pour *toi* ou *à toi.* Exemple : *je me flatte,* c'est-à-dire, je flatte *moi, tu te flattes,* c'est-à-dire, tu flattes *toi, il se flatte,* c'est-à-dire, il flatte *soi. Je me nuis,* c'est-à-dire; je nuis *à moi, tu te nuis,* c'est-à-dire, tu nuis *à toi, il se nuit,* c'est-à-dire, il nuit *à soi.*

Nous, vous sont nominatif d'un verbe exprimé. Exemple: *nous aimons, vous aimez*; ou d'un verbe sous-entendu; exemple; *ils sont plus riches que nous, que vous,* c'est-à-dire, que nous *ne sommes riches*; que *vous n'êtes riches. Nous, vous,* sont aussi régime du verbe et se placent avant ou après le verbe : exemple : *je vous aime,* c'est-à-dire, *j'aime vous; aimez-nous.*

Moi, toi, soi, nous, vous, eux, elles sont quelquefois régime d'un verbe sous-entendu. Exemple : *Il vous aime plus que moi, que toi;* c'est-à-dire, qu'il n'aime *moi, toi.*

Lui, leur, sont toujours régime composé; ils se disent des personnes, et se mettent pour *à lui, à elle, à eux, à elles.* Ainsi en parlant d'un homme, on dira : *je lui dois mon bonheur.* C'est-à-dire, je dois à *lui.* En parlant de plusieurs hommes, on dira: *je leur dois le respect,* c'est-à-dire, je dois *à eux.*

On feroit une faute en parlant *d'une plume, d'un crayon,* si l'on disoit : *c'est avec elle que j'ai écrit cette lettre : c'est avec lui que j'ai fait ce dessin.* Il faudroit dire : *c'est avec cette plume... c'est avec ce crayon....* Des vers d'un auteur : *que pense-t-on d'eux ?* il faut dire : *qu'en pense-t-on ?* D'une maison *je lui ajouterai un pavillon* : il faudroit dire: *j'y ajouterai...* etc.

Ils se disent des choses, quand ils sont joints à un verbe qui ne convient proprement qu'aux personnes. Ainsi on dira en parlant de livres : *je leur dois mon instruction,* c'est-à-dire, je dois *à eux.* D'une maison *je lui dois le rétablissement de ma santé.* D'arbres, d'animaux : *cet arbre est trop chargé ôtez lui une partie de son fruit ; visitez les chevaux et leur donnez à manger.* On met *lui, leur* parce que les verbes *devoir, ôter donner,* ne conviennent proprement qu'aux personnes.

On peut néanmoins les employer quand ils ont rapport à des choses qu'on personnifie. Exemple : *c'est à l'amour-propre, c'est à lui que nous rapportons toutes nos actions.* Dans cette phrase le mot amour-propre est personnifié.

Les pronoms *le*, *la*, *les* se disent des personnes et des choses et peuvent se tourner par *lui*, *elle*, *eux*, *elles*. Ils sont toujours régime simple; ainsi en parlant d'un homme on dira : *je le connois*, c'est-à-dire, *je connois lui :* en parlant d'une femme *je la connois*, c'est-a-dire, *je connois elle*; en parlant de plusieurs livres *je les ai lus*, c'est-à-dire, *j'ai lu eux*; de plusieurs fleurs *je les ai cueillies*, c'est-à-dire, *j'ai cueilli elles*.

Remarque. Si le pronom *le* se rapporte à un ou à plusieurs adjectifs, ou à un verbe; il ne prend ni genre ni nombre parce qu'on peut le tourner par *cela*. Ainsi si l'on demande à une femme *êtes vous malade?* elle doit répondre *oui je le suis* : à plusieurs hommes, *êtes vous voyageurs?* ils doivent répondre *oui nous le sommes. On doit faire le bien quand on le peut,* c'est-à-dire, *je suis cela, nous sommes cela.* C'est-à-dire, quand on peut faire le bien.

Mais si le pronom se rapporte à un nom, alors il peut se tourner par *lui* ou *eux*, ou *elle*, il prend le genre et le nombre du nom. Ainsi si l'on demande à une femme *êtes vous la malade?* elle doit répondre *oui je la suis*, c'est-à-dire, *je suis elle*; à des hommes : *êtes-vous les voyageurs de ce matin;* ils doivent répondre *oui nous les sommes* c'est-à-dire, *nous sommes eux*.

Remarque. le, *la*, *les* pronoms sont toujours joints à un verbe et peuvent se tourner par *lui* ou *elle*, *eux* ou *elles*.

Le, *la*, *les* articles sont toujours joints à un nom et ne souffrent aucune conversion.

Regle sur la place des pronoms.

Premiere regle. Quand un pronom personnel est régi par un verbe il se place devant le verbe, entre le nominatif et le verbe. Exemple : *je lui rendrai son livre*. Des enfants parlant de leur pere diront : *nous l'aimons*.

La même regle s'observe si le verbe est à l'impératif avec une négation. Exemple : *ne me trompez pas*. Mais si le verbe est à l'impératif et sans négation, le pronom se place après le verbe ; exemple : *conduisez-le*. *Parlez-lui*.

Lorsque de x verbes à l'impératif et sans négation se suivent, on place le premier pronom après le premier verbe et le second pronom avant le second verbe ; exemple : en parlant de livres, on dira : *prenez-les et les lisez*.

Deuxieme regle. Si deux pronoms personnels sont régis par un verbe, le régime composé se met avant le régime simple ; exemple : *je me le persuade*, c'est-à-dire, *je le persuade à moi*. En parlant de fleurs on dira *il vous les présentera*, c'est-à-dire, *il les présentera à vous*. La même regle s'observe quand le verbe est à l'impératif avec une négation. Exemple *ne nous le dites pas*, c'est-à-dire, *ne le dites pas à nous*.

Si le régime composé est représenté par les pronoms *lui*, *leur* alors il se place après le régime simple, soit que le verbe soit à l'impératif ou non; exemple : *nous le lui dirons, ne le lui dites pas, dites-le lui.*

Troisieme regle. Moi, toi, soi, nous, vous se placent après *le*, *la*, *les* : en parlant d'un enfant, on dira *envoyez-le moi*, de livres, *prêtez-les moi.*

Regle sur la place des Pronoms y et en.

Premiere regle. Ces pronoms *y*, *en* précédent immédiatement le verbe : parlant d'un enfant qu'on veut envoyer en quelqu'endroit : on dira *je l'y enverrai*; de quelque chose qu'on veut lui donner : on dira *je lui en donnerai*.

Deuxieme regle. Lorsque ces deux pronoms se rencontrent dans la même phrase *y* se place toujours avant *en*; exemple : *je leur y en enverrai.*

Mais lorsque le verbe est à l'impératif ils se placent après le verbe, *allez-y*, etc.

Usage du pronom soi.

Le pronom *soi* se dit des personnes en général et ne s'emploie qu'avec un nominatif vague et indéterminé, comme *on*, *chacun*, *quiconque*, *qui*, etc. Exemple : *on fait soi-même sa félicité : chacun songe à soi, quiconque est sage se défie de soi : qui est soi-*

même son délateur ? il faut songer à soi préférablement aux autres.

Mais si l'on parle de quelqu'un en particulier ; il faut se servir du pronom *lui*, *elle*, selon le genre de la personne dont on parle. Exemple : *cet homme n'aime que lui* et non pas *que soi* ; parce que le nominatif est pris dans un sens déterminé, on parle d'une personne en particulier.

Emploi des pronoms possessifs.

Premiere regle. Les pronoms possessifs prennent le genre et le nombre des noms auxquels ils se rapportent. Exemple : *mon livre est aussi beau que le vôtre. Ma robe est plus jolie que la tienne.* On met *mon* parce que livre est du genre masculin, et *ma* parce que robe est du genre féminin.

Deuxieme regle. Les pronoms possessifs se repetent avant chaque nom et avant les adjectifs qui expriment des qualités qui ne peuvent se réunir dans un même objet. Exemple : on dira *mon pere et ma mere sont contents.* Et non pas *mes pere et mere. J'ai vu sa grande et sa petite chambre*, et non pas *ses grande et petite chambres.*

Troisieme regle. On peut après un nom de chose inanimée joindre les pronoms *son, sa, ses, leur, leurs*, à un second nom exprimé dans la même phrase. Ainsi on dira *la Seine a sa source en Bourgogne.* On dit *sa* parce que *Seine* et *source* sont dans la même phrase.

La même regle a lieu si le second nom est en régime composé quoiqu'il ne soit pas dans la même phrase. Exemple : *voilà un beau temple, j'admire l'architecture de ses colonnes* : on dit *ses* parce que colonnes est en régime composé.

Si le second nom, n'étant pas dans la même phrase, est en régime simple ou au nominatif; alors au lieu des pronoms *son, sa, ses; leur,* ou *leurs,* on se servira du pronom *en*. Exemple : *il est arrivé une affaire bien malheureuse; j'en crains les suites,* et non pas *ses* suites; *voilà un beau jardin, la situation en est heureuse* et non pas *sa* situation. On met *en* parce que *suite* n'est pas dans la même phrase qu'*affaire,* et *situation* dans la même que *jardin*.

Remarque. Les pronoms *je, me, tu, te, il, se* rendent inutiles les pronoms possessifs *mon, ton, son,* &c. quand on parle, des différentes parties du corps de la personne qui parle. Ainsi on dira *j'ai mal à la tête* et non pas *à ma tête,* mais si la partie éprouve une autre action, alors on emploie les pronoms possessifs. Exemple : *je vois ma jambe enfler*; on dit *ma* parce que ma *jambe* éprouve une action.

Quatrième regle. Les pronoms possessifs relatifs *le mien, le tien, le sien...* ne peuvent point se rapporter à un nom commun qui n'est point précédé de l'article défini : ainsi on ne dira pas, *chaque pere de famille doit bien gouverner la sienne*, mais ses *enfants*, et en parlant d'un homme qui excelle à tirer des armes, on ne dira pas : *il n'y a pas au monde de meilleur épée que la sienne*; mais que *lui*.

Emploi des pronom démonstratifs.

Les pronoms démonstratifs se mettent au même genre et au même nombre que les noms auxquels ils sont joints. Exemple : *prenez ce livre, cette table, ces fleurs*, on met *ce* parce que livre est masculin, on met *cette* parce que table est au féminin, et on met *ces* parce que *fleurs* est au pluriel.

Ne confondez pas *ce* pronom démonstratif avec *se* pronom réfléchi. *Ce* pronom démonstratif s'emploie pour *ceci, cela, celui-ci, celui-là, cette chose*: ainsi on écrira *ce* par *c* toutes les fois que l'on pourra mettre un de ces mots à sa place. Exemple : *ce sera moi qui vous délivrerai*. C'est-à-dire *celui-là qui...* etc.

Se pronom réfléchi s'emploie pour *soi, à soi*. Ainsi on écrira *se* par *s* toutes les fois que l'on ne pourra mettre *soi* ou *à soi*, à sa place. Exemple : *Télémaque se disposoit à répondre*, c'est-à-dire, *disposoit soi...* etc.

Ne confondez pas *ses* pronoms possessifs avec *ces* pronoms démonstratif. *Ses* pronom possessif s'emploie pour *de lui, d'elle*; ainsi on écrira *ses* par *s* toutes les fois qu'on pourra le tourner par *de lui, d'elle*. Exemple: *une bonne mere aime tous ses enfants*. C'est-à-dire, *les enfants d'elle*. *Ces* pronom démonstratif désignant les objets de nos observations s'écrira par un *c* toutes les fois que l'on pourra ajouter au nom qui le suit, ces mots *ci*, *là*. Exemple : *que ces vains ornements, que ces voiles me pesent* ! c'est-à-dire, *ces vains ornements-ci... ces voiles-ci.*

Remarque sur le pronom ce.

Ce suivi de *qui*, *que* ou *dont*, se met pour le mot général *chose* l'adjectif ou le pronom se met au masculin singulier et le verbe au singulier ; exemple : *ce qui n'est pas utile, est toujours cher*, c'est-à-dire *la chose qui*. *Ce que l'on vante le plus est* souvent *superficiel*, c'est-à-dire *la chose* que l'on vante.

Ce dans une interrogation signifie *celui-là, celle-là* ou *cette chose*; exemple : *qui est-ce qui est là* ? c'est-à-dire *quel est celui qui est là*. Réponse *c'est moi*, c'est-à-dire *celui là est moi*.

Ce s'emploie pour la chose dont on parle ; exemple : *lisez Démosthene et Cicéron, ce sont les plus grands orateurs de l'antiquité*; c'est-à-dire *Cicéron et Démosthene sont...*

Ce s'emploie pour la chose dont on va parler ; exemple : *ce n'est pas un mal que d'avoir des envieux*, c'est-à-dire *avoir des envieux*, etc.

Ce suivi du verbe *être*, *de qui* ou *de que*, forme un gallicisme. Il n'est souvent employé que pour donner plus de force et d'énergie au discours. Exemple : *c'est vous que je demande*, ce qui vaut mieux que si je disois *vous étes la personne* que je demande. *C'est un allemand qui a inventé l'imprimerie*; ce qui vaut mieux que si je disois *celui qui a inventé l'imprimerie*... etc.

Regle. Ce placé devant le verbe *être*, veut le verbe à la troisieme personne du singulier, quand il est suivi de *moi*, *toi*, *nous*, *vous* ou d'un régime composé; exemple: *c'est moi*, *c'est toi*, *c'est nous*, *c'est vous*; *c'est à eux*, *c'est d'eux*.

Mais si le verbe *être* est suivi des pronoms *eux*, *elles* ou d'un nom pluriel au nominatif, ce verbe doit être mis au pluriel; exemple: *ce sont les ennemis de l'état, ce sont eux contre lesquels vous devez exercer votre valeur*; on met le verbe au pluriel parce qu'il est suivi d'un nom pluriel au nominatif et du pronom *eux*.

Emploi des pronoms relatifs.

Qui pronom relatif désignant le nominatif, se dit des personnes et des choses; exemple: *l'homme qui chante*, c'est-à-dire *lequel homme chante*; *la roue qui tourne*, à-dire *laquelle roue tourne*.

Le même pronom ne doit point être séparé de son antécédent. Ainsi Boileau a eu tort de dire: *et d'un bras, à ces mots, qui peut tout ébranler*; il faudroit *d'un bras qui*.

Qui relatif régime composé se dit seulement des personnes et des choses personifiées ; ainsi on dira *la personne à qui j'ai parlé de vous. O rochers escarpés! c'est à vous que je me plains, car il n'y a que vous à qui je puisse me plaindre.* On met *à qui*, parce que les rochers sont personifiés.

On ne dira pas *la loi à qui nous obéissons*, mais *à laquelle nous....* parce que la loi n'est pas personifiée.

Il se dit aussi des animaux ; exemple : *tel qu'un loup à qui des bergers ont arraché sa proie.*

Que ordinairement régime simple se dit des personnes et des choses : exemple : *la personne que vous aimiez, la robe que vous avez achetée* ; c'est-à-dire *laquelle robe.*

Ne confondez pas *que* pronom relatif avec *que* conjonction, *que* pronom relatif peut toujours se tourner par *lequel* ou *laquelle*, suivi de son antécédent ; au lieu que *que* conjonction ne souffre aucune conversion.

Dont se dit des personnes et des choses et s'emploie pour *de qui, du quel, de laquelle, de quoi,* il doit être précédé de son antécédent et suivi d'un nominatif ; exemple : *Salomon dont la sagesse est si connue ; la maison dont j'ai fait acquisition ;* dans ces exemples *dont* est précédé de ses antécédents et est suivi du nominatif ; c'est-à-dire *Salomon de qui la sagesse ; la maison de laquelle j'ai fait.*

Quoi ne se dit que des choses et jamais des personnes, *je ne sais à quoi il pense,* c'est-à-dire *à quelle chose.*

M

Où, *d'où* et *par où* se disent aussi des choses seulement ; exemple : *je ne sais d'où il vient, par où il a passé, ni où il va,* c'est-à-dire *par quel endroit,* etc.

Regles des pronoms relatifs.

Premiere regle. Les pronoms relatifs sont du même genre, du même nombre et de la même personne que leurs antécédents ; exemple : *l'art qui nourrit les hommes est le premier des arts*; qui est du masculin singulier et de la troisieme personne, parce que *art*, son antécédent, est du masculin singulier et de la troisieme personne.

Deux. regle. Le pronom relatif qui se rapporte à plusieurs noms singuliers de choses animées est au pluriel et au même genre que les noms ou au masculin pluriel, si les noms sont de différents genres : exemple : *Justinien et Tibere qui s'avançoient entendirent ces derniers mots,* qui est du masculin pluriel, parce qu'il a pour antécédent deux noms masculins singuliers ; *l'homme et la femme que vous avez vus, sont arrivés*; que est au masculin pluriel parce qu'il a pour antécédent deux noms singuliers de choses animées et de différents genres.

Tr. regle. Si le pronom relatif se rapportant à plusieurs noms singuliers de choses inanimées, est immédiatement placé après ces noms, il est au pluriel et au même genre que ces noms, si ces noms de même genre; ou au masculin pluriel, si ces noms sont de différents genres; exemple : *j'ai senti notre séparation, avec toute la douleur et l'amertume que j'avois imaginées*; (Sévigné) *elle cacha sous une apparence de joie, la crainte et l'inquiétude qui troubloient son cœur*; *Que* et *qui* dans ces exemples sont au féminin pluriel, parce qu'ils se rapportent chacun à deux noms féminins; *il n'y a que le profit et la commodité qui attirent les étrangers*; (Télémaque.) *qui* est au masculin pluriel, parce qu'il se rapporte à deux noms de différents genres.

Mais si ces noms sont à-peu-près synonymes, alors le pronom peut suivre la loi du dernier. Exemple : *on n'y voyoit point une noble simplicité et une pudeur aimable qui fait le plus grand charme de la beauté : il n'avait point encore perdu cette vive blancheur et cet éclat qui charme les yeux.* (Télémaque) *qui* dans ces derniers exemples prend le genre et le nombre du dernier nom, parce que ces mots *noble simplicité*, *pudeur aimable*, sont à-peu-près synonymes; ainsi que *blancheur vive* et *éclat*; car il n'y a point de *blancheur vive* sans *éclat* : *il y a dans la véritable vertu, une candeur et une ingénuité à laquelle on ne se méprend pas.*

Remarque. Il arrive souvent qu'un pronom relatif placé après plusieurs noms ne se rapporte qu'au dernier ; alors il prend le genre, le nombre et la personne de ce dernier. Exemple : *ma mollesse et l'ascendant que Protésilas avoit pris sur moi, me jettoient...* Que dans cet exemple se rapporte au dernier nom parce que Protésilas avoit pris de *l'ascendant* sur moi et non pas *ma mollesse. Pénélope sa femme et moi qui suis son fils : qui* dans cet exemple se rapporte à moi et non pas à *Pénélope*.

Quatrieme regle. Le pronom relatif qui se rapporte à un nom partitif ou à un adverbe de quantité suivi d'un nom, est au même genre et au même nombre que ce dernier. Exemple : *celui qui sait se faire aimer entreprend peu d'affaires qui ne lui réussissent. Qui* est au féminin pluriel parce qu'il se rapporte à *affaires* qui est du féminin pluriel.

Nota. Le pronom relatif qui se rapporte à un collectif général, est au même genre et au même nombre que le collectif général.

Où, d'où et *par où* suppléent au pronom relatif, lorsqu'ils ont rapport à un nom ; alors ils signifient *dans lequel, du quel* et *par lequel* ; exemple : *le temps où nous vivons,* c'est-à-dire *dans lequel, le pays d'où nous venons,* c'est-à-dire *du quel, le chemin par où nous avons passé,* c'est-à-dire *par lequel.*

Remarque. Où, d'où et *par où*, pronoms relatifs, sont toujours accompagnés de l'accent grave : au lieu que *ou* conjonction n'en prend point.

Emploi des pronoms absolus.

Qui pronom absolu se dit des personnes seulement; et peut se tourner par *quelle personne*; exemple: *qui a fait cela ? Je ne sais qui est arrivé*, c'est-à-dire *quelle personne a fait cela, quelle personne est arrivée*. Il s'emploie aussi en régime composé; exemple: *à qui avez-vous parlé ? de qui parlez-vous ?* c'est-à-dire *à quelle personne, ou de quelle personne*.

Que, quoi, pronoms absolus, ne se disent que des choses et signifient *quelle chose*.

Que presque toujours régime simple, veut *de* avant l'adjectif qui s'y rapporte: exemple: *que dit-on de nouveau ?* c'est-à-dire *quelle chose*.

Que, pronom absolu est régime composé lorsqu'il s'emploie pour *à quoi, de quoi*; exemple: *que sert la science sans la vertu*, c'est-à-dire *à quoi sert la science*, etc. *Que servent les richesses à l'avare qui les cache*, c'est-à-dire *à quoi*.

Quoi ne s'emploie qu'en régime composé; exemple: *à quoi prétendez-vous ?* c'est-à-dire *à quelle chose. De quoi vous avisez-vous ?* c'est-à-dire *de quelle chose*. On ne dit point *quoi voulez-vous ? quoi cherchez-vous ?*

Quel, lequel, quelle, laquelle se disent des personnes et des choses, et supposent un nom auquel ils se rapportent, et dont ils prennent le genre et le nombre; exemple : *quel homme, quelle femme sont venus? quel ouvrage avez-vous fait? Quelle histoire avez vous lue? lequel de ses enfants prenez-vous? laquelle de ces étoffes choisissez-vous?*

DES PRONOMS INDÉFINIS.

Emploi du pronom on *ou* l'on.

On désigne toujours le nominatif et veut le verbe et l'adjectif au singulier ; exemple : *on est heureux quand on fait son devoir. Est* et *fait* sont au singulier, parce qu'ils ont pour nominatif, le pronom *on*.

On se répete avant chaque verbe, ayant le même sujet; exemple : *on rit, on chante*.

Ce pronom est ordinairement masculin, à moins que l'on parle d'une femme ou de son sexe ; exemple ; *on est heureuse, quand on sait s'accommoder à l'humeur de son époux*; et non pas *on est heureux*, parce qu'on parle d'une femme.

L'on a le sens d'*on*. *L'on* s'emploie après *si*, *où* et *que*, pour éviter un son dur et désagréable; ainsi, au lieu de dire *si on savoit où on va, et qu'on peut lire dans l'avenir*; on dira *si l'on savoit où l'on va, et que l'on put lire dans l'avenir, on s'épargneroit bien des peines*.

Cependant si *l'on* doit être suivi de *le, la, les*, alors il faut employer *on* au lieu de *l'on* pour éviter un son désagréable:

en parlant *d'une lettre*, on ne dira pas *si l'on l'a lue*, mais *si on l'a lue*; on ne dira pas *que l'on la lise*, mais *qu'on la lise*.

Remarque. Il ne faut jamais répéter *on* avec deux rapports différents; exemple: *on croit n'être pas trompé et l'on nous trompe à tout moment* et non pas *on nous trompe*.

Emploi de quelqu'un, quelqu'une.

Quelqu'un ne se dit que des personnes; *quelqu'un l'a vu, je parle de quelqu'un*. Quelqu'un au pluriel ne s'emploie qu'au nominatif; exemple: *quelque-uns prétendent cela*; mais on ne dira pas *je connois quelques-uns, j'ai vu quelques-uns*.

Quelqu'un, quelqu'une, se rapportant à un nom, se dit des personnes et des choses; exemple: *c'est le sentiment de quelqu'un de nous; choisissez quelques-unes de ces fleurs*.

Emploi de chacun, chacune.

Chacun, pronom distributif, fait au féminin *chacune*, il est sans pluriel, il se dit des personnes et des choses, et se met au même genre que le nom auquel il se rapporte; exemple: *chacun vit à sa mode; remettez ces étoffes chacune en sa place*.

Quoique *chacun, chacune* n'ai point de pluriel, il faut cependant joindre tantôt *leur* tantôt *son*, *sa*, *ses* au nom qui le suit.

Remarque. Si dans la phrase il n'y a point de pluriel dont *chacun* doive faire la distribution, il faut employer *son*, *sa*, *ses*; exemple : *il faut donner à chacun sa part*, et non pas *leur part*. *Chacun y fait ses affaires*, et non pas *leurs affaires*.

Deuxieme remarque. Si dans la phrase il y a un pluriel dont *chacun* doive faire la distribution; alors on emploie *son*, *sa*, *ses*, ou *leur*, selon la place du régime du verbe.

Premiere regle. Lorsque *chacun* est placé avant le régime du verbe, on met *leur* après *chacun*; exemple : *ces braves officiers ont fait chacun leur devoir* et non pas *son devoir*, parce que *chacun* est placé avant *devoir* régime du verbe *ont fait*. *Ces dames ont apporté chacune leur offrande*, et non pas *son offrande*, parce que *chacune* est placé avant *offrande* régime du verbe.

Deuxieme regle. Lorsque *chacun* est placé après le régime du verbe; alors on emploie *son*, *sa*, *ses*, après *chacun*; exemple : *remettez ces livres chacun à sa place*, et non pas *à leur place*, parce que *chacun* est placé après *livres* régime du verbe *remettez*. *Ces dames ont assisté les malheureux chacune selon ses moyens*, et non pas *leurs moyens*, parce que *chacune* est placé après *malheureux* régime du verbe *ont assisté*.

Troisieme regle. Si le verbe n'a point de régime, on emploie *son*, *sa*, *ses* ou *leur* indifféremment; exemple : *tous ces ouvriers* ont travaillé *chacun selon ses forces* ou *leurs forces*.

Emploi de quiconque, personne, autrui, rien.

Quiconque signifie *toute personne qui*, il ne s'emploie qu'au masculin singulier et ne se dit que des personnes ; exemple : *quiconque est capable de mentir est indigne d'être compté au nombre des hommes*, c'est-à-dire *toute personne qui*....

Personne n'a point de pluriel, précédé ou suivi de *ne*, il signifie *nul homme* ou *nulle femme*; exemple, *personne ne veut être trompé*, c'est-à-dire *nul homme ou nulle femme.*

Ce pronom est toujours masculin singulier, ainsi l'adjectif qui s'y rapporte doit être mis au masculin singulier ; exemple : *je ne connois personne plus heureux que votre sœur* ; et non pas *heureuse* ; *personne* sans négation signifie *quelqu'un* ; exemple : *personne a-t-il narré plus naïvement que Lafontaine*, c'est-à-dire *quelqu'un a-t-il narré.*

Personne nom, est féminin : *cette personne est heureuse.*

Autrui n'a ni genre ni nombre, il signifie les *autres personnes*, il ne se dit que des personnes et ne semploie qu'en régime composé. Exemple : *le mal d'autrui n'est qu'un songe*, c'est-à-dire, le mal *des autres personnes* : *ne faire aucun mal à autrui* : mais on ne dit pas *mépriser autrui, aimer autrui*.

Rien masculin singulier ne se dit que des choses, précédé ou suivi de *ne*, il signifie *aucune chose*; exemple : *rien ne le touche :* c'est-à-dire, *aucune chose ne le... il ne tient à rien* : c'est-à-dire, il ne tient à *aucune chose*.

Mais si *rien* n'est point accompagné de *ne* il signifie quelque chose ; exemple : *est-il rien de plus beau*, c'est-à-dire *quelque chose ? qui vous reproche rien ?* c'est-à-dire, *quelque chose*. *Rien* au pluriel signifie bagatelles, choses de peu d'importance ; exemple : *ces difficultés sont des riens* c'est-à-dire, *des bagatelles*.

Emploi de quelque, chaque, quelconque.

Quelque, est des deux genres, se dit au pluriel comme au singulier, il est toujours suivi d'un nom ; exemple : *quelque auteur en a parlé : il a encore quelques amis.*

Chaque est toujours suivi d'un nom et ne s'emploie point au pluriel, et signifie une personne ou une chose prise séparément. Exemple : *chaque pays a ses usages, chaque chose a son nom.*

Quelconque, signifie *nul*, *aucun*, *quel qu'il soit*. Il se met toujours après le nom ; et s'emploie avec la négation; exemple : *il n'y a raison quelconque qui le retienne*, c'est-à-dire, *nulle*, *aucune raison; etc.* on l'emploie aussi sans négation, *un homme quelconque, une raison quelconque.*

Emploi des pronoms nul, aucun, pas un, l'un, l'autre, même, tel, plusieurs, tout.

Quand ces pronoms sont joints à un nom ils ont un féminin et ils s'accordent en genre et en nombre avec le nom qu'ils accompagnent.

Nul, au féminin *nulle*, n'a point de pluriel.

Nul étant seul ne s'emploie qu'au nominatif singulier masculin et avec la négation *ne* ; il a la même signification que *personne* ; exemple : *nul ne sait s'il est digne de louange ou de blâme*. C'est-à-dire, *personne ne sait...*

Pas un au féminin *pas une*, n'a point de pluriel, il s'emploie avec la négation *ne* et a la même signification que *personne*. Exemple : *pas un ne l'a vu*, c'est-à-dire, personne.

Aucun, au féminin *aucune* n'a point de pluriel : il s'emploie avec *ne*, et a la même signification que *nul, pas un* ; exemple : *je ne connois aucun de vos juges* ; c'est-à-dire pas un, nul.

Il s'emploie avec *ne* seulement et en retranchant *pas*, on dit *il n'y avoit aucun de ses gens*, et non pas *il n'y avoit pas aucun*, comme a dit Marivaux.

Aucun sans négation signifie *quelque* ; exemple : *je doute qu'il y ait aucun auteur sans défaut*, c'est-à-dire quelque auteur.

L'un, *l'autre* se disent des personnes et des choses tant au singulier qu'au pluriel, n'étant point séparés, ils expriment un rapport réciproque entre plusieurs choses ou plusieurs personnes ; exemple : *le feu et l'eau se détruisent l'un et l'autre*, c'est-à-dire *réciproquement*.

L'un, *l'autre* employés séparément marquent division, *l'un* est mis pour les personnes et les choses dont on a parlé en premier lieu ; *l'autre* pour les personnes et les choses dont on a parlé en dernier lieu ; exemple : *Alexandre disoit souvent ; je ne suis pas plus redevable à Philippe qu'à Aristote mon précepteur ; si je dois à l'un la vie, je dois à l'autre la vertu.*

Même des deux genres signifient *identité*, *parité*, soit qu'il soit placé avant ou après le nom il prend le nombre du nom ou du pronom auquel il est joint ; exemple : *les scélérats mêmes condamnent dans les autres les mêmes vices qu'ils ont ; ce sont eux-mêmes.*

Même signifiant *aussi*, *encore*, ne prend point d's ; *il ne faut pas négliger de faire le bien, il faut même chercher toutes les occasions de le pratiquer*, c'est-à-dire *il faut aussi, encore chercher.*

Tel, au féminin *telle*, signifie *pareil*, *semblable* ; exemple : *vit-on jamais rien de tel ?* c'est-à-dire *de semblable.*

Tel signifie aussi *quelqu'un* ou *celui qui* ; exemple : *tel seme qui souvent ne moissonne pas*

pas; c'est-à-dire *celui qui seme, souvent*, etc.
tel fait des libéralités qui souvent ne paie pas ses dettes; c'est-à-dire, *celui.*

Tel quel, au féminin *telle quelle*, signifie *de peu de valeur, de peu de considération;* exemple : *voilà des gens tels quels; une chambre telle quelle.*

Plusieurs, masculin et féminin, ne s'emploie qu'au pluriel; exemple : *plusieurs sont trompés en voulant tromper les autres.*

Tout, quand il n'est point joint à un nom signifie *toute chose*, il est du masculin singulier. Exemple : *tout doit dans notre cœur céder à l'équité*, (Crébillon.) c'est-à-dire, *toute chose.*

Emploi de qui que ce soit, quoique ce soit.

Qui que ce soit, masculin singulier, ne se dit que des personnes, employé sans négation il signifie *quiconque, quelque personne que;* exemple : *à qui que ce soit que nous parlions nous devons être polis*, c'est-à-dire, *à quelque personne...* etc.

Suivi ou précédé de *ne* il signifie *personne, nul;* exemple : *je n'envie la fortune de qui que ce soit*, c'est-à-dire, de personne.

Quoique ce soit ne se dit que des choses, sans négation, il signifie *quelque chose que;* exemple : *à quoi que ce soit qu'il s'occupe, il le quitte sur-le-champ dès que son devoir l'appelle*, c'est-à-dire, *à quelque chose.*

N

Avec une négation il signifie *rien*; exemple il ne m'est arrivé *quoique ce soit*; c'est-à-dire, *rien*.

Accord du verbe avec le nominatif.

Premiere regle. Tout verbe personnel qui n'est pas à l'impératif, dans les temps où il a différentes personnes, s'accorde en nombre et en personne avec son nominatif. Les noms faisant fonction de nominatif désignent une troisieme personne ; exemple : *j'attends vos lettres avec une juste impatience*. Je mets *attends* à la premiere personne du singulier, parce que *je*, son nominatif, est de la premiere personne du singulier. *Nous cultivons les arts*. J emets *cultivons*, à la premiere personne du pluriel, parce que *nous*, son nominatif, est de la premiere personne du pluriel. *La jeunesse est compatissante*. Je mets *est* à la troisieme personne, parce que *jeunesse*, son nominatif étant un nom, est de la troisieme personne, il est au singulier parce que *jeunesse* est au singulier.

Deuxieme regle. Si plusieurs pronoms personnels de différentes personnes sont le nominatif d'un verbe, on doit mettre le verbe au pluriel en le faisant accorder avec la plus noble personne; la premiere est plus noble que les deux autres, la seconde est plus noble que la troisieme. Exemple : *ma mere et moi, depuis notre exil, nous avons appris les petits travaux du ménage*; on met *avons*, parce que le verbe s'accordant avec la plus noble personne, *moi* qui est de la premiere personne est plus noble que *ma mere* qui est de la troisieme. *Vous et celui qui vous mene, vous périrez*. On met *périrez* parce que *vous* qui est de la seconde personne est plus noble que *celui* qui est de la troisieme.

Remarque. Quand il y a plusieurs pronoms de différentes personnes on ajoute ordinairement un pronom pluriel de la plus noble personne à l'effet de les représenter tous, et le pronom de la plus noble personne se place le dernier. Exemple : *lui, vous et moi, nous irons à la campagne*. On met *nous* pour les représenter tous ; parce que *moi* pronom de la premiere personne est plus noble que *vous* pronom de la seconde personne et que *lui* pronom de la troisieme.

On peut placer ces pronoms après le verbe ; exemple : *nous irons à la campagne, lui vous et moi*.

Mais si le nominatif du verbe n'est composé que de mots à la troisieme personne, on ne répéte point un autre pronom ; exemple : *Pierre et Paul sont arrivés, Elle et lui viendront*. On ne répete point de pronom parce que *Pierre et Paul*, *elle*, *lui*, sont de la troisieme personne.

Troisieme regle. Quand le verbe a pour nominatif plusieurs noms singuliers, on met ordinairement le verbe au pluriel, parce que plusieurs singuliers valent un pluriel; exemple : *le printemps et l'automne y regnent ensemble*, on met *regnent* à la troisieme personne du pluriel, parce que le verbe a pour nominatif plusieurs noms singuliers ; *l'adulation, la complaisance, l'illusion l'environnent*. On met *environnent* à la troisieme personne du pluriel pour la même raison.

Premiere exception. Quand plusieurs noms singuliers, en nominatif, ne sont point liés, par la conjonction *et*, on peut mettre le verbe au singulier ; exemple : *si jamais l'abus du pouvoir, l'oubli des loix, la prospérité des méchants t'irrite, pense à Bélisaire*. On écrit *irrite* au singulier, parce que les noms, en nominatif, ne sont pas liés par la conjonction *et*.

Cette exception s'observe sur-tout lorsque les noms, en nominatif, sont presque synonymes ; exemple : *sa piété, son amour pour son pere l'élevoit au-dessus du malheur.* (Bélisaire.) *Une vapeur, une goutte d'eau suffit pour détruire l'homme.* On met les verbes au singulier parce que *piété* et *amour*, *vapeur* et *goutte*, sont presque synonymes.

Deuxieme exception. Quand plusieurs noms en nominatif, sont liés par la conjonction *ou*, le verbe se met au singulier parce que l'action n'est attribuée qu'à un seul; exemple : *car supposons que la guerre, la maladie ou la vieillesse m'eût privé de la vue*.... Je dis *eût* parce que les noms, en nominatifs, sont liés par la conjonction *ou*.

Mais si le verbe a pour nominatif plusieurs pronoms personnels liés par la conjonction *ou*, on doit, suivant l'académie, mettre le verbe au pluriel en le faisant s'accorder avec la plus noble. Exemple : *vous ma sœur ou moi, nous ferons ce voyage*. On met *ferons* parce que ces pronoms sont liés par *ou* et le verbe devant s'accorder avec la plus noble personne, *moi* qui est de la premiere personne est plus noble que *vous* qui est de la seconde et que *ma sœur* qui est de la troisieme.

Premiere remarque. il y a des auteurs qui emploient le singulier, quand plusieurs noms sont liés par la conjonction *ni* répétée : comme les avis sont partagés, il vaut mieux suivre la regle générale ; exemple : *ni l'or ni la grandeur ne nous rendent heureux*. (La Fontaine.) On met *rendent* parce que le verbe a pour nominatif plusieurs noms liés par la conjonction *ni* répétée.

Deuxieme remarque. On peut dire, suivant l'académie, *l'un et l'autre est bon, l'un et l'autre sont bons, ni l'un ni l'autre n'est bon : ni l'un ni l'autre ne sont bons*. Mais si l'on place *l'un et l'autre* après le verbe, celui-ci doit toujours être mis au pluriel ; exemple : *ils vouloient l'un et l'autre se trouver ici : mais ils ne s'y sont trouvés ni l'un ni l'autre*.

Quatrieme regle. Quand plusieurs noms e nominatif sont liés par la conjonction *mai* snivie d'un nom singulier, on met le verb au singulier; exemple : *non-seulement ses titres, ses honneurs, ses dignités; mais encore sa fortune s'évanouit.* On sous-entend *s'évanouirent* avant *mais*.

Cinquieme regle. Tout et rien mis après plusieurs noms en nominatif, veulent le verbe au singulier; exemple : *la colere d'un empereur, la fleche d'un ennemi, un grain de sable tout est égal. Jeux, conversations, spectacles, rien ne la tira de la solitude.* On met le verbe au singulier parce que *tout* et *rien* présentent une idée générale qui exprime tout ce que l'on a dit, et qui dispense d'une énumération plus étendue.

Sixieme regle. Quand deux noms en nominatif sont liés par les conjonctions *comme, ainsi que, de même que*; le verbe prend le nombre du premier; exemple : *la langue comme les arts tend à sa perfection; les matelots ainsi que le capitaine périrent dans ce naufrage*; dans le premier exemple on met *tend* parce la conjonction est précédé du mot *langue* qui est au singulier; et dans le second *périrent* parce qu'elle est précédée du mot *matelots* qui est au pluriel.

Septieme regle. Lorsqu'un verbe a pour nominatif un nom partitif, ou un adverbe de quantité suivi d'un nom, alors le verbe se met au même nombre que le nom qui suit le nom partitif ou l'adverbe de quantité; exemple : *une multitude de Bulgares venoient de pénétrer dans la Thrace;* je mets *venoient*, parce que *multitude* est suivi d'un nom pluriel ; *peu de gens sont instruits*, je dis *sont* pour la même raison ; *une grande quantité de peuple étoit présent à ce spectacle ; beaucoup de monde s'amusa ; la plupart du monde fut surpris de son adresse*. On dit *étoit, s'amusa* et *fut surpris*, parce que le nom partitif et l'adjectif de quantité sont suivis d'un nom singulier.

Mais si le nom partitif ou l'adverbe de quantité n'est suivi d'aucun nom, alors il faut mettre le verbe au pluriel ; exemple : *la plupart prirent la fuite ; peu ont combattu, une infinité sont morts* ; on met le verbe au pluriel parce qu'il y a un nom pluriel de sous-entendu après le nom partitif et l'adverbe de quantité ; c'est comme si l'on disoit *la plupart des soldats, peu de soldats ; une infinité de soldats*, etc.

Huitieme regle. Le verbe pris impersonnellement reste toujours au singulier, quoiqu'il ait pour nominatif un nom partitif, suivi d'un nom pluriel ; exemple : *il vint une foule de citoyens*.

Neuvieme regle. Le verbe qui a pour nominatif un nom collectif général, quoique suivi d'un nom pluriel, se met au même nombre que le collectif général ; exemple : *l'armée des croisés fut moissonnée par la peste* ; on met *fut* et non pas *furent*, parce qu'*armée* son nominatif, est un nom collectif général, et est au singulier.

Dixieme regle. Le verbe qui a pour nominatif le relatif *qui* se met au même nombre et à la personne que son antécédent ; exemple ; *c'est moi qui ai travaillé ; c'est vous qui avez travaillé ; ce sont eux qui ont travaillé* ; on met *ai* travaillé, parce que le pronom relatif a pour antécédent *moi* ; on met *avez* parce qu'il a pour antérédent *vous*, et on met *ont*, parce qu'il a pour antécédent *eux*.

Remarque. Le vocatif désigne une seconde personne, ainsi quand le *qui* se rapporte à un vocatif, le verbe dont il est nominatif, doit se mettre à la seconde personne ; exemple : *adieu, douces fontaines, qui me fûtes si ameres.* (Télémaque.) On met *fûtes* parce que *qui* se rapporte à *douces* fontaines qui est au vocatif.

Remarque. On ne doit pas changer de de personne dans une phrase ; ainsi cette phrase est incorrecte ; *on censure dans les autres les défauts que nous avons nous-mêmes*, il faut *que l'on à soi-même*, ou *nous censurons*, etc.

Emploi de l'Infinitif.

Premiere regle. Le présent de l'infinitif est invariable, c'est-à-dire qu'il ne prend jamais ni genre ni nombre ; *aimer, finir, recevoir, lire.*

Deuxieme regle. Le présent de l'infinitif fait quelque fois la fonction de nominatif ; exemple : *croire que l'on en imposera à tout le genre humain*, *c'est une chimere*; *croire* infinitif fait ici la fonction de nominatif : en effet, qui est-ce qui est une *chimere ?* réponse, *croire*.

Troisieme regle. Un verbe qui n'a point de nominatif et qui se rapporte à un autre verbe précédent, doit se mettre à l'infinitif; exemple : *mon fils, cette histoire doit vous instruire; instruire* est à l'infinitif, parce qu'il se rapporte à *doit*. Alors il est régime simple, s'il répond à la question *qui* ou *quoi*; régime composé, s'il répond à la question *à qui* ou *à quoi ? de qui* ou *de quoi ?*

Mais si le premier verbe est l'auxiliaire *avoir* ou l'auxiliaire *être*; le second verbe se met au participe passé; exemple : *le feu sacré étoit allumé, déja on nous avoit couronnés de fleurs; allumé, couronnés*, sont participes passés, parce qu'ils sont précédés des verbes auxiliaires *avoir* et *être*.

Quatrieme regle. On met à l'infinitif le verbe qui se rapporte aux prépositions *à, de, avant de, après, par, pour, près de, sans*; exemples : *aimez à secourir les malheureux; gardez-vous d'écouter les discours des flatteurs; secourir* et *écouter*, sont à l'infinitif, parce qu'ils se rapportent aux prépositions *à* et *de*.

Cinquieme regle. Si le sens de la phrase exprime continuation d'action, le verbe qui exprime cette continuation se met à l'infinitif et peut toujours se tourner par le participe présent ou par l'imparfait de de l'indicatif; exemple : *jugez quelle fut ma surprise, quand je vis les vaisseaux fendre les ondes*; fendre est à l'infinitif, parce qu'il exprime la continuation de l'action que le sens de la phrase exige; car on peut dire *quand je vis les vaisseaux fendant* ou *qui fendoient les ondes*.

Sixieme regle. Si le sens de la phrase exprime une action achevée, le verbe qui l'exprime doit se mettre au participe passé, au même genre et au même nombre que le nom ou pronom auquel le participe se rapporte, et peut toujours être précédé de *qui est*; exemple : *ce vieillard que tu vois, couronné de fleurs, est le fameux Belus*; *couronné* est au participe passé, parce qu'il exprime une *action finie*; car on peut mettre *qui est* devant, et dire *qui est couronné*; il est au masculin parce qu'il se rapporte à *vieillard* qui est du masculin.

On connoît qu'une phrase exprime continuation d'action, lorsqu'on peut tourner le verbe qui l'exprime par le *participe présent* ou par *l'imparfait de l'indicatif*, précédé de *qui*.

Qu'elle exprime une *action achevée*, quand on peut mettre *qui est* devant le participe : ainsi dans les exemples précédents, on met *fendre* à l'infinitif, parce que l'on peut dire *fendant, qui fendoit*, et non pas *qui est fendu*. Au contraire on met *couronné* au participe passé, parce qu'on peut dire *qui est couronné* et non pas *couronnant*, ou *qui couronnoit*.

Nota. Le verbe à l'infinitif, dans la phrase qui exprime une continuation d'action, est employé adjectivement, parce qu'il se rapporte à un nom ou à un pronom qu'il qualifie; en effet, il se rapporte au même mot, que dans la phrase qui exprime une action finie; or dans cette phrase, il se rapporte à un nom ou à un pronom, puisqu'il en prend le genre et le nombre; donc le verbe à l'infinitif se rapporte au même mot dans la phrase qui exprime continuation d'action.

Emploi du Participe présent.

Le participe présent ne varie jamais, c'est-à-dire qu'il ne prend ni genre, ni nombre, lorsqu'il exprime une action ou situation accidentelle; exemple: *j'ai vu votre frere dormant; j'ai vu votre sœur dormant; j'ai vu vos freres dormant; j'ai vu vos sœurs dormant.*

Dormant ne change point, quoiqu'il se rapporte à un nom masculin ou féminin, singulier ou pluriel, parce qu'il exprime une situation accidentelle, car qu'on peut dire *j'ai vu votre frere dormant, qui dormoit; j'ai vu votre sœur dormant, qui dormoit.*

Mais lorsqu'il exprime le caractere ou l'état ordinaire d'une personne ou d'une chose ; alors il est employé comme adjectif, et il suit la même regle que les adjectifs ; exemple *j'ai rencontré une perfonne obligeante ; j'ai vu la campagne riante ; obligeante* et *riante* sont employés comme adjectifs, parce qu'ils expriment le caractere d'une personne et l'état ordinaire d'une campagne.

Remarque. Un mot terminé en *ant* est participe présent :

1.º Lorsqu'il a un régime : on ne dit pas *j'ai vu une perfonne obligeante tout le monde* ; mais *obligeant tout le monde*.

2.º Lorsqu'on peut le tourner à *l'infiniti* ou à *l'imparfait de l'indicatif* précédé du pronom *qui* : ainsi *dormant* est participe présent, parce que l'on peut dire *j'ai vu votre frere ou votre fœur, dormir* ou *qui dormoit* ; au lieu que *riante, obligeante* sont adjectifs, parce que parlant d'une perfonne obligeante on ne peut pas dire : *j'ai vu un. perfonne obliger, qui obligeoit*, à moins de lui donner un régime, et parlant d'une campagne riante on ne peut pas dire : *j'ai vu une campgne rire, qui rioit*.

3.º Lorsqu'il est précédé de la préposition *en*.

On doit mettre la préposition *en* de-devant le participe présent lorsqu'il exprime une circonstance de l'action, une maniere ou un moyen de parvenir à une fin ; exemple : *heureux ceux qui fe divertiffent en s'inftruisant*, *s'instruisant, on ne surmonte le vice qu'en le fuyant.*

Remarque. La suppression ou l'emploi de la préposition *en* change le sens d'une phrase ; exemple : *j'ai vu votre frere lisant l'histoire de France*, ne signifie pas la même chose que *j'ai vu votre frere en lisant l'histoire de France*. La premiere signifie, j'ai vu votre frere qui *lisoit* l'histoire de France : la seconde signifie j'ai vu votre frere *lorsque je lisois* l'histoire de France.

Deuxieme remarque. On ne doit pas mettre le pronom relatif *en* devant un participe présent, ainsi ne dites pas *je vous confie l'éducation de mon fils, en desirant l'avancement*, dites *desirant son avancement*.

Du Participe passé.

Premiere regle. Le participe passé, lorsqu'il ne prend ni genre ni nombre, a toujour la terminaison du singulier masculin, *aimé, fini, reçu, rendu*.

Deuxieme regle. Le participe passé dans les verbes actifs ne prend ni genre ni nombre quand il est suivi de son régime simple ; exemple : *que l'on apprenne aux enfants à chanter les louanges de ceux qui ont fait des actions généreuses pour leur patrie*. On dit *fait* parce que le régime simple *action* est placé après le participe.

Troisieme regle. Lorsque le régime simple,

dans ces mêmes verbes, est placé devant le participe qui le régit, alors le participe prend le genre et le nombre de son régime simple, c'est-à-dire, que l'on ajoute *e* si le régime est féminin et *s* s'il est pluriel; exemple, *quelles contrées avez-vous parcourues ?* on dit *parcourues* au féminin pluriel, parce que *contrées*, son régime simple, placé devant le participe est au féminin pluriel.

Quelle étoffe avez-vous choisie ? on dit *choisie* au féminin singulier; parce que *étoffe* son régime simple placé devant le participe est au féminin singulier.

Mentor parlant à Télémaque; lui dit : *le plaisir de raconter vos histoires vous a entraîné* : on dit *entraîné*, au masculin singulier, parce que *vous*, son régime, placé devant le participe, se rapporte à Télémaque qui est du masculin singulier.

Mentor parlant de la déesse, lui dit; *vous l'avez enchantée par le récit de vos avantures.* On dit *enchantée* au féminin singulier parce que *l'* son régime simple placé devant le participe est au féminin singulier, se rapportant à déesse qui est du féminin singulier.

Ce jour est un de ceux qu'ils ont consacrés aux larmes : on met *consacrés* au masculin pluriel; parce que *que* son régime simple placé devant le participe est au masculin pluriel, se rapportant à *ceux*.

C'est une des plus belle éditions que j'ai vues. On met *vues* au féminin pluriel; parce que *que* son régime simple placé devant le participe est au féminin pluriel.

Remarque. Le pronom *en* quoique répondant à la question du régime simple, n'influe cependant point sur le participe parce qu'il tient la place d'un nom ou pronom toujours précédé de *de*; exemple, en parlant de jeunes filles qui cueilloient des fleurs: on dira *elles en ont pris*, et non pas *prises*, ou qui écrivoient des chansons; on dira *elles en ont écrit* et non pas *écrites*; mais si à la place d'*en* on mettoit *les*, alors on diroit *elles les ont prises, elles les ont écrites.*

Première exception. Le participe *été* et le participe des verbes impersonnels, ne prennent jamais ni genre ni nombre. Ainsi on dira *les chaleurs excessives qu'il a fait* et non pas *faites. La grande inondation qu'il y a eu* et non pas *eue.*

Deuxième exception. On dit : *de la façon que j'ai dit, on a du m'entendre.* On met *dit* et non pas *dite*, parce que *que*, n'est pas régime simple de *dit*, on ne peut pas dire, j'ai dit *laquelle façon*. Le régime de *dit* est sous-entendu, c'est comme si l'on disoit *de la façon que j'ai dit cela... que* est conjonction.

Quatrième regle. On suit la même regle lorsque le participe est suivi d'un verbe à l'infinitif et que le nom ou pronom placé devant le participe est régime du participe et non pas du verbe à l'infinitif : ainsi Racine a dit en parlant *de Junie; je l'ai vue arriver cette nuit;* on dit *vue* au féminin singulier, parce que le pronom *la* est régi par le participe; car on peut dire *j'ai vu elle arriver, qui arrivoit,* et non pas *j'ai vu arriver elle.* Parlant d'une actrice on dira *je l'ai entendue chanter,* on dit *entendue* au féminin singulier, parce que le pronom *l'* est régi par le participe et non pas par le verbe à l'infinitif, car on peut dire *j'ai entendu elle chanter, qui chantoit,* et non pas *chanter elle.*

5 R. Mais si le nom ou pronom placé devant le participe est régime du verbe à l'infinitif; alors le participe ne prend ni *genre* ni *nombre.* Exemple : en parlant d'une ariette on dira *je l'ai entendu chanter* : on dit *entendu,* parce que *l'* est régime du verbe à l'infinitif, on ne peut pas dire *j'ai entendu elle chanter qui chantoit;* mais *j'ai entendu chanter cette ariette.* Parlant d'une maison, on dira *je l'ai vu bâtir;* on dit *vu* parce que *l'* est régi par le verbe à l'infinitif, car on ne peut pas dire *j'ai vu elle bâtir, qui bâtissoit,* mais *j'ai vu bâtir cette maison.*

Ainsi l'on connoît que le nom ou pronom est régi par le participe lorsque l'on peut mettre ce nom ou ce pronom entre le participe et le verbe à l'infinitif; et qu'il est régi par le verbe à l'infinitif, lorsqu'on ne peut le placer qu'après l'infinitif.

La même regle s'observe lorsque le participe est suivi de la conjonction *que*; parce que alors *que* relatif est régi par le verbe qui suit le participe. Exemple : *la science que vous avez voulu que j'étudiasse ne me plaît pas*. On dit *voulu* parce que étant suivi de la conjonction *que*, *que* relatif est régime d'*étudiasse*, en effet mettons *appliquasse* à la place d'*étudiasse*, alors il faudra changer la premiere phrase en celle-ci : *la science à laquelle vous avez voulu que je m'appliquasse*. Or *à laquelle* est régime d'*appliquasse* et non pas de *voulu*, donc *que* est aussi régime d'*étudiasse*; d'ailleurs on ne peut pas dire *vous avez voulu la science que j'étudiasse*... mais *que j'étudiasse cette science* : ainsi on dira *terminez au plutôt les affaires que vous avez prévu que vous auriez*, et non pas *prévues*.

Remarque. Il arrive quelquefois que le verbe à l'infinitif qui régit le nom ou pronom qui précéde est sous-entendu; alors le participe ne prend ni genre ni nombre. Exemple : *je lui ai rendu tous les services que j'ai pu; il a obtenu la place qu'il a voulu*; les infinitifs *rendre* et *obtenir* sont sous-entendus après les participes *pu* et *voulu*; c'est-à-dire, que j'ai pu *rendre*, qu'il a voulu *obtenir*.

Deuxième remarque. Lorsque le verbe à l'infinitif est précédé du participe du verbe *faire* le participe et le verbe à l'infinitif étant inséparables ne présentent à l'esprit qu'une seule action qui est attribuée à l'infinitif : le participe *fait* ne prend ni genre ni nombre : ainsi on dira *les troupes qu'on a fait marcher* et non pas *faites*. *La terre que j'ai fait labourer* et non pas *faites*. *La jeune personne que j'ai fait danser* et non pas *faite*. *La plume que j'ai fait tomber* et non pas *faite*; parce que le participe *fait* joint au verbe à l'infinitif n'expriment qu'une action.

Regles des participes dans les verbes passifs et dans les verbes neutres.

Premiere regle. Le participe passé dans les verbes passifs et dans les verbes neutres qui se conjuguent avec l'auxiliaire *être*, se met au même genre et au même nombre que le nominatif. Exemple : *la gloire n'est düe qu'à celui qui sait souffrir la peine et fouler aux pieds les plaisirs.* On met *düe* au feminin singulier, parce qu'étant accompagné du verbe auxiliaire *être* il s'accode avec *gloire* qui est du féminin singulier.

Les grandes actions des hommes illustres sont parvenues jusqu'à nous : je mets *parvenues* au féminin pluriel parce qu'étant accompagné du verbe auxiliaire *être* il prend le genre et le nombre *d'actions* qui est au féminin pluriel.

Deuxieme regle. Le participe du verbe neutre qui se conjugue avec l'auxiliaire *avoir* ne prend jamais ni genre ni nombre. Ainsi une femme parlant d'une comédienne dira; *cette actrice m'a beaucoup plu dans son rôle* et non pas *plue*; parlant d'une robe, elle dira *ces robes ne m'ont point convenu* et non pas *convenues*, parce que le participe passé des verbes neutres qui se conjuguent avec *avoir* est invariable.

Regles des participes dans les verbes réfléchis et réciproques.

Premiere regle. Le participe passé dans les verbes réfléchis et réciproques suit la même regle que dans les verbes actifs : 1.º il ne prend ni genre ni nombre lorsque le régime simple est placé après le participe. Exemple: *Lucrece s'est donné la mort.* On met *donné* parce que la *mort* régime simple est placé aprè le participe et *se* est en régime composé, c'est comme si l'on disoit *Lucrece a donné la mort à elle.*

Nous nous sommes imposé une tâche bien pénible, on met *imposé* parce que *tâche* son régime simple est placé après le participe et *nous* pronom réfléchi est en régime composé, c'est comme si l'on disoit *nous avons imposé à nous une tâche bien pénible.*

2.º Lorsque le régime simple est placé devant le participe, alors celui-ci se met au même genre et au même nombre que le régime simple. Exemple : *quelle fin nous sommes-nous proposée?* On met *proposée* au féminin singulier parce que *quelle fin* son régime simple est placé devant le participe, c'est comme si l'on disoit *nous avons proposé à nous cette fin*.

Les robes que nous nous sommes données sont précieuses, on met *données* au féminin pluriel parce que *que* placé devant le participe son régime simple se rapporte à *robes* qui est du féminin pluriel; c'est comme si on disoit *les robes que nous avons données à nous*.

Ils se fussent battus sur le champ si on ne les eût arrêtés. On dit *battus* parce que *se* régime simple et placé devant le participe se rapporte à *ils* qui est du masculin pluriel; c'est comme s'il y avoit *ils eussent battu eux réciproquement*.

3.° Lorsque le participe du verbe réfléchi est suivi d'un verbe à l'infinitif, il faut voir comme dans les verbes actifs, si le régime est attribué au participe ou au verbe à l'infinitif, ce que l'on connoîtra facilement en examinant si l'on peut mettre le régime entre le participe et le verbe à l'infinitif. Si le régime est attribué au participe alors celui-ci prend le genre et le nombre du participe. Exemple : en parlant d'une petite fille on dira *elle s'est laissée tomber*; on dit *laissée* parce que *se* régime simple est attribué au participe, car on peut dire *elle a laissée elle tomber*.

Si le régime est attribué au verbe à

l'infinitif alors le participe ne prend ni genre ni nombre. Exemple : *la science que nous nous sommes proposé d'étudier est très-utile* : on dit proposé parce que *que* régime simple et féminin singulier est attribué au verbe à l'infinitif, car on dira *nous nous sommes proposé d'étudier cette science* et non pas *nous nous sommes proposé cette science d'étudier*.

Dans les verbes où le pronom réfléchi ne tient lieu d'aucun régime, il faut voir quel régime le verbe veut après lui, voyez les remarques sur les conjugaisons des verbes réfléchis.

Remarque. Le participe dans les verbes réfléchis passivés, prend toujours le genre et le nombre du nominatif; exemple : *Suzanne s'est trouvée innocente*, c'est-à-dire *a été trouvée*; le participe prend le genre et le nombre de *Suzanne; cette bibliotheque s'est vendue à l'enchere*, c'est-à-dire *a été vendue*.

Usage du présent de l'indicatif, du parfait et du prétérit indéfini.

On peut employer le présent de l'indicatif pour un passé; quand on raconte quelque chose et que l'on veut donner plus de vivacité au récit; exemple : *leurs voiles étoient meilleures que les nôtres; le vent les favorisoit; leurs rameurs étoient en plus grand nombre; ils nous abordent, nous prennent et nous emmennent prisonniers en Égypte* (Télémaque;) ce qui donne plus de vivacité que si l'on disoit *ils nous aborderent, nous prirent et nous emmenerent*, etc.

Lorsque l'on emploie le présent pour le passé, il faut mettre tous les verbes de la même phrase au présent ; ainsi la phrase suivante n'est pas correcte, *ils tombent sur les ennemis avec une telle furie, qu'ils les firent plier et reculer* ; il falloit dire, *qu'ils les font plier et reculer* ; parce que les premiers verbes sont au présent.

On ne doit se servir du parfait qu'en parlant d'un temps désigné et absolument écoulé : ce temps doit être éloigné d'un jour de celui où l'on parle ; *je vis hier votre votre ami* ; on met *vis* parce qu'*hier* est un temps désigné et absolument écoulé ; ce seroit une faute de dire *je vis votre ami aujourd'hui, cette semaine*, parce que le temps dure encore et n'est pas encore écoulé.

On ne doit se servir du prétérit indéfini qu'en parlant d'un temps qui n'est pas désigné, ou qui étant désigné, n'est pas entiérement écoulé ; exemple : *j'ai reçu votre lettre cette semaine* ; ou seulement *j'ai reçu votre lettre*, on écrit *ai reçu*, parce que le temps désigné n'est pas encore écoulé, et parce que dans le second exemple le temps n'est pas désigné.

Usage de l'Indicatif et du Subjonctif.

On emploie l'indicatif qnand on veut affirmer et marquer quelque chose de positif; exemple : *Mentor admiroit la bonne police de ces villes, la justice exercée en faveur du pauvre contre le riche; la bonne éducation des enfants, qu'on accoutumoit à l'obéissance, au travail, à la sobriété, à l'amour des arts et des lettres*, etc. On n'emploie l'indicatif parce qu'on parle d'une chose positive et qu'on assure.

On emploie le subjonctif quand on veut exprimer quelque chose qui tient du doute ou du souhait, sans l'affirmer absolument; exemple : *que les dieux me fassent périr plutôt que de souffrir que la molesse et la volupté s'emparent de mon cœur*. On met le subjonctif, parce que c'est un souhait que Télémaque fait : c'est-à-dire *je souhaite que*....

Voilà pourquoi il y a des conjonctions après lesquels on emploie tantôt l'indicatif et tantôt le subjonctif, selon la maniere dont on exprime une chose, ou d'une maniere positive, ou d'une maniere qui marque le doute, le souhait, la crainte, l'ordre, le desir, la nécessité; enfin quelque passion, ou affection de l'ame; exemple : *il suffit qu'un mensonge soit mensonge, pour n'être pas digne d'un homme qui parle en présence des dieux et qui doit tout à la vérité.*

Les conjonctions qui régissent le subjonctif sont *afin-que, à-moins-que, avant-que, au-cas-que, en-cas-que, malgré-que, bien-que, encore-que, quoique, de-crainte-que, de-peur-que, jusqu'à-ce-que, posé-que, supposé-que,*

(168)

pour-que, *pourvu-que*, *quelque-que*, *sans-que*, *soit que*.

Que, quand il est mis pour *si*, *à-moins-que*, *avant-que*, *dès-que*, *auſſitôt-que*, *ſitôt-que*, *quoique*, *afin-que*, *sans-que*, *de-ce-que*, dans les phrases interrogatives; exemple: *croyez-vous qu'il y aille? ſi vous venez dans notre pays et que vous y demeuriez, j'eſpere*, etc. *que* est mis pour *ſi*, et *ſi vous y demeuriez*.

Que, *qui*, *dont*, *lequel*, pronoms relatifs veulent le subjonctif, 1.º quand ils sont précédés d'un superlatif; exemple: *c'est l'animal le plus extraordinaire qui ait paſſé. C'eſt l'homme le plus fort que je connoiſſe. C'eſt l'affaire la plus malheureuſe où je me ſois trouvé.*

2.º Quand après le relatif on veut exprimer un souhait, une condition, quelque chose qui tienne du doute ou de l'avenir exemple: *ce menſonge n'a rien qui ne ſoit innocent; il ſauve la vie à deux innocents; il ne trompe le roi que pour l'empêcher de commettre un grand crime.*

Uſage du temps du ſubjonctif.

Premiere regle. Quand le premier verbe est au présent ou au futur, celui qui est après la conjonction se met au présent du subjonctif, si on veut exprimer un présent ou un futur; et au prétérit si on veut exprimer

mer une chose passée; exemple : *eh bien, ne faudra-t-il pas qu'il me quitte, ou que je le voie plein de mépris pour moi ?* On met *quitte* et *voie* au présent du subjonctif parce que le premier verbe placé avant la conjonction, est au futur et que l'on veut exprimer un futur.

Il faut que votre frere ait fini son devoir avant toutes choses, on met *ait fini* parce que le premier verbe est au présent et qu'on veut exprimer une chose passée.

Exception. Quand dans la phrase on doit placer une expression conditionnelle, on peut mettre le second à l'imparfait ou au plusque-parfait. Exemple : *je doute que votre frere eût réussi sans votre secours*; on met *eût réussi* parce que *sans votre secours*, est une expression conditionnelle.

Deuxieme regle. Quand le premier verbe est à l'imparfait, au parfait, aux prétérits, au plusque-parfait, ou aux conditionnels; on met le second à l'imparfait du subjonctif, si l'on veut exprimer un présent ou un futur, ou au plusque-parfait, si l'on veut exprimer une chose passée. Exemple : *il falloit, il fallut, il a fallu, il eut fallu, il faudroit, il auroit fallu, que vos freres s'y trouvassent, ou s'y fussent trouvés* selon le tems que l'on veut marquer, *présent, passé* ou *futur* et non pas *s'y trouvent, ou s'y soient trouvé :* ainsi c'est une faute de dire : *ne falloit-il pas que je m'en aille, que je revienne, que je parte :* dites *que je m'en allasse, que je revinsse que je partisse.*

Exception. Quand le premier verbe est au prétérit indéfini on peut mettre le second au parfait si l'on veut exprimer un passé. Exemple : *il a fallu qu'il ait sollicité ses juges, et qu'il se soit informé de plusieurs autres affaires*

Usage de l'Impératif.

L'impératif dans les verbes dont l'indicatif présent est terminé en *e* prend une *s* finale lorsqu'elle est immédiatement suivie des pronoms *en* et *y*, mais il la perd totalement par tout ailleurs. Exemple : parlant de fruits on dira *apportes-en* et non pas *apporte en*, *manges-en* et non pas *mange en*, parlant d'un endroit on dira *envoies y* et non pas *envoie y*.

Règle concernant les adverbes.

Les adverbes de manière qui se forment des adjectifs et qui ne s'emploient jamais sans régime, ont le même régime que les adjectifs dont ils sont formés ; ainsi on dira *conformément à l'original* de conforme à l'original, *différemment des autres* de différent des autres, etc.

Règle concernant plus et davantage.

Plus et davantage ne s'emploient pas toujours l'un pour l'autre ; *davantage* ne peut être suivi ni d'un adjectif, ni de *de*, ni de *que* : ainsi on ne dira pas *cet homme a davantage de brillant que de solide*; mais *plus de brillant*

C'est une faute d'employer *davantage* pour *le plus*, ainsi au lieu de dire *cet ouvrage est celui qui me plaît davantage* dites *le plus*.

Regle concernant les adverbes comparatifs.

Quand les adverbes comparatifs *plus, moins, mieux, pis* et les adjectifs *meilleur, moindre, pire* sont suivis d'un *que* et d'un verbe à l'indicatif, on met *ne* avant ce verbe, il en est de même de l'adverbe *autrement* et de son adjectif *autre*. Exemple: *vos fruits sont meilleurs qu'on ne se l'imagine. On se voit d'un autre œil qu'on ne voit son prochain. Les richesses sont souvent plus funestes que la pauvreté n'est incommode.*

Auparavant étant toujours adverbe ne doit jamais être suivi d'un régime ni d'un *que* : ainsi c'est une faute de dire *il est arrivé auparavant votre frere* dites *avant*… *il est sorti auparavant que l'affaire fut terminée*, dites *avant que*…

A l'entour étant toujours adverbe ne doit point avoir de régime. Ainsi ne dites pas: *il rode sans cesse à l'entour de vous* mais *autour de vous*.

Place des adverbes.

Premiere regle. Si l'adverbe modifie un

adjectif, il se met toujours avant cet adjectif. Exemple : *cet enfant est très-aimable.*

Deuxieme regle. Si l'adverbe modifie un verbe et que le verbe soit un tems simple l'adverbe se place toujours après le verbe; exemple : *je travaille beaucoup. Les hommes se rendent malheureux par le desir du superflu s'ils vouloient vivre simplement, on verroit partout l'abondance, la joie et la paix,*

Exception. Les adverbes *bien*, *mieux*, *mal*, se mettent indifféremment *avant* ou *après* le verbe. Exemple : *il faut apprendre à bien parler, à bien écrire, à mieux agir.*

Troisieme regle. Si le verbe est à l'un des temps composés; alors l'adverbe se place entre l'auxiliaire et le participe. Exemple : en parlant d'un homme on dira : *je l'ai toujours beaucoup estimé.*

Regles concernant les prépositions avant, dans, en, au travers, pendant, près, hors.

L'usage aujourd'hui est de supprimer *que* après la préposition *avant* suivie de *de*. Ainsi on dira : *venez me voir avant de partir* et non pas avant que de partir.

Les prépositions *dans* et *en* ne doivent pas s'employer l'une pour l'autre.

Dans marque un sens précis et signifie qu'on est dans un endroit à l'exclusion de tout autre. Exemple : *il travaille dans la chambre. Il est dans une pension.*

En marque un sens vague et ne présente pas nécessairement cette exclusion. Exempl. *il travaille en chambre; il est en pension.*

Dans marque encore le temps auquel on fera, ou l'on aura fait une chose. Exemple: *je partirai dans trois jours. En* marque le temps que l'on emploie à la faire. Exemple: *j'ai fait ce voyage en trois jours.*

On ne doit dire *en campagne* qu'en parlant du mouvement des troupes. Exemple: *l'armée est en campagne*; dans toute autre signification, on doit dire *à la campagne, mon frere est à la campagne.*

Le nom précédé de la préposition *en* sans article ne peut pas être suivi d'un adjectif. Exemple: on dit *se donner en spectacle*, mais on ne dit pas *se donner en spectacle funeste.*

Pendant peut-être suivi de *que*: *travaillez pendant que vous êtes jeune.*

Durant n'en peut-être suivi; on ne dit pas *durant que vous êtes jeune.*

Ne confondez pas la préposition *près de* qui signifie *sur le point de* avec l'adjectif *prêt à* qui signifie *disposé*, à on ne dit point *il est près à tomber*, mais *il est près de tomber.*

Regles concernant les conjonctions et, plutôt-que, ne, ne pas. ni pas.

1.° La conjonction *et* veut le même régime après elle qu'avant. Exemple: *il avoit sa douceur et sa fierté*. *Douceur* et *fierté* sont régime simple d'*avoir*.

2. Deux verbes joints par la conjonctions *et* peuvent avoir un même nom pour régime, pourvu qu'ils ne veulent pas un régime différent. Exemple : *je crains et j'évite les médisans*. *Médisans* est régime de *je crains* et *j'évite*, parce que ces verbes gouvernent le même régime.

Mais si les deux verbes sont joints par une autre conjonction, il faut donner au premier verbe le nom pour régime et au second un pronom. Exemple, *j'évite les médisans autant que je les crains*. Ce seroit une faute de dire : *j'évite autant que crains les médisans*.

4.º Il faut éviter de placer la conjonction *et* entre le régime simple d'un verbe, et le nominatif d'un autre verbe. Exemple : *j'admire sa valeur et son courage a fixé la victoire* : dans cette phrase il semble que *courage* soit ainsi que *valeur*, le régime du verbe *j'admire*, tandis qu'il est le nominatif du verbe *a fixé*.

Regle concernant la conjonction ou.

La conjonction *ou* peut se répéter avant les mots qu'elle joint ensemble ; mais on peut s'en dispenser en la plaçant avant le dernier. Exemple : *c'est vous, ou lui, ou moi* ; ou bien *c'est vous lui ou moi*.

Regle concernant la conjontion soit.

La conjonction *soit* peut aussi se répéter avant chacun des mots qu'elle joint ensemble : *soit vertu, soit prudence, il n'a point succombé.*

Au lieu de répéter *soit* on peut mettre *ou*. Exemple : *soit vertu ou prudence il n'a point succombé.*

Regle concernant la conjonction plutôt-que.

Plutôt-que est une sorte de conjonction qui doit toujours être suivie de *de*. Exemp. *il étoit déterminé à mourir plutôt que de se rendre.*

Regle concernant la conjonction ne.

La conjonction *ne* se place toujours immédiatement après le nominatif du verbe. Exemple : *Dieu ne nous commande pas l'impossible.*

Quand le nominatif est après le verbe, *ne* se met avant le même verbe. Exemple : *ne lui avez-vous point parlé ?*

La conjonction *ne* se met après le *que* qui suit les verbes *empêcher, craindre, avoir-peur, appréhender* et *prendre garde* (signifiant prendre ses mesures,) *craignez, empêchez, ayez-peur, appréhendez, prenez-garde que cet enfant ne tombe.*

Mais si ces verbes sont accompagnez de *ne pas*, alors on ne doit point mettre *ne* après le *que*. Exemple : *si vous ne travaillez pas, n'empêchez pas que les autres s'occupent* et non pas *ne s'occupent*. *Hélas ! on ne craint pas qu'il venge un jour son pere*, et non pas *ne venge*.

Quand le verbe *nier* est accompagné de *ne pas*, il faut joindre la conjugaison *ne* au verbe qui le suit. Exemple : *je ne nie pas que vous ne soyez studieux*.

La conjonction *ni* doit être employée pour lier les mots quand on nie une chose et non pas quand on affirme : ainsi n'imitez pas Boileau, qui en parlant du sonnet, dit qu'Apollon

Défendit qu'un vers foible y pût jamais entrer,

Ni qu'un mot déjà mis osât s'y rencontrer. il falloit *et* qu'un mot parce que la phrase est affirmative.

Pas et *point* sont des conjonctions qui expriment la négation.

Pas ne nie la chose qu'en partie ou avec modification. Exemple ; *il n'a pas beaucoup d'esprit ; il n'a pas une obole*.

Point nie la chose absolument sans réserve : *si pour obtenir une place il faut faire des bassesses ; je n'en veut point*.

Pas convient à quelque chose de passager et d'accidentel. *On ne lit pas toujours, on ne joue pas toujours*.

Point convient à quelque chose d'habituel et de permanent : *il ne lit point, il ne joue point.*

Pas et *point* doivent se supprimer avant *jamais, guères, plus, nul, aucun, rien, personne* pronom, *ni, nullement...* etc.

La conjonction *que* se place entre deux verbes. Exemple : *je pense qu'on ne peut être heureux sans pratiquer la vertu.*

Que restreint le sens des phrases négatives, et alors *ne, que,* signifie *seulement.* Exemple : *la valeur n'est une vertu que quand elle est réglée par la prudence.* C'est-à-dire, *la valeur est seulement une vertu.*

Ne que, se met quelquefois pour *ne rien,* Exemple : *je n'ai que faire ici :* c'est-à-dire, *je n'ai rien à faire ici.*

Que, sert à marquer un souhait, un commandement, une imprécation, un consentement, etc. Exemple : *qu'il vienne,* c'est-à-dire, *je consens qu'il vienne.*

Que après l'impératif, signifie *afin que.* Exemple : *venez que je vous paie,* c'est-à-dire, *afin que je vous paie.*

Que après *il y a* signifie *depuis-que.* Ex. *il y a deux ans que je ne l'ai vu;* c'est-à-dire, *depuis-que.*

Que se met pour *à moins que, avant-que, dès-que, aussitôt-que, quoique...* Exemple *je ne partirai point que vous ne soyez de retour,* c'est-à-dire, *à moins-que, avant-que* vous ne soyez.

Que se met *pourquoi*. Exemple : *que n'avez-vous soin de vos affaires*, c'est-à-dire, *pourquoi*.

Emploi de l'interjection.

Il ne faut pas confondre *ah !* et *ha !* *eh !* et *hé !*

Ah ! eh ! sont des exclamations.

L'exclamation est un cri que l'on fait par admiration, par joie, par étonnement, elle commence ordinairement la phrase et s'emploie dans la tragédie et l'élégie. Exemple : *ah ! cruel, tu m'as trop entendue ! eh que de repentir suivent les imprudences !*

L'interjection exprime les divers mouvements de l'ame dont on est affecté et que l'on exprime dans la suite du discours ou dans la conversation. On l'emploie communément dans la comédie et la fable. Exemple : *ha ! je vous y prends. Vous chantiez j'en suis fort aise, hé ! bien, dansez maintenant.*

De l'ortographe.

L'ortographe est la maniere d'écrire tous les mots d'une langue, conformément à l'usage reçu et adopté par les meilleurs auteurs.

Les figures qui accompagnent les mots dans l'écriture sont les accents, le tréma, la cédille, l'apostrophe, le trait d'union, la parenthèse, les guillemets, les lettres capitales et les différentes marques de la ponctuation.

Nous avons déjà parlé *des accents*, *du tréma* et *de la cédille*.

De l'Apostrophe.

L'apostrophe est cette petite figure (') on l'emploie pour marquer la suppression d'une de ces trois lettres *a*, *e* muet et *i*.

a, *e*, se retranchent dans *le*, *la*, *me*, *te*, *se*, *de*, *ce*, *ne*, *que*, quand le mot suivant commence par une voyelle ou une *h* muette, *l'amitié*, *l'honneur*, *l'histoire*. *J'aime l'enfant qui s'applique à l'étude*.

a, *e* ne se retranchent point dans *le*, *la* après un impératif, ni dans *là* adverbe. Exemple : *conduisez le avec vous, suivez la à la campagne, allez là et y demeurez*.

a et *e* ne se suppriment point dans *le*, *la*, *ce*, *de*, *que*, avant, *huit*, *huitieme*, *huitaine*; On dit *le huit, la huitaine, de huit qu'ils étoient, le huitieme*... etc. On dit *le oui, le onze, la onzieme, que onze, que huit*

e muet se supprime dans *entre, jusque, quelque*, suivi des mots *à, un, eux, elle, elles, ici, autre, un, entr'eux* ex. *Jusqu'à Paris, entr'autre*.

i se supprime dans le mot *si*, placé devant, *il*, *ils*, *s'il arrive s'ils viennent*.

e se supprime dans les mots composés *d'entre*, lorsque le mot qui suit la préposition commence par une voyelle. Exemple: On écrit *s'entr'aimer, s'entr'aider*... etc.

e se supprime dans les mots suivants composés de *contr'enquête, contr'écaille, contr'espalier*.

Du trait d'union.

Le trait d'union est la figure suivante : (-) elle se met, 1.° entre les verbes et les pronoms *je, me, moi, tu, toi, nous, vous, il, ils, elle, elles, le, la, les, y, en, ce, on* quand ces mots sont placés après le verbe. Exemple : *irai-je, viendrai-je, allez-y, prenez-en, conduisez-le ?..*

2.° Avant *là, çà, ci*. Exemple : *celui-là, celui-ci, de-çà, de-là*.

3.° Entre plusieurs mots tellement joints ensemble qu'ils n'en font plus qu'un. Exemp. *un chef-d'œuvre, courte-pointe, avant-coureur*.

De la Parenthèse.

On appelle parenthèse deux crochets ( ), qui renferment une citation qui ne fait point partie du corps du discours. Exemple : *mépriser la gloire (dit Tacite) c'est mépriser les vertus qui y mènent*.

Des Guillemets.

On appelle guillemets deux traits (») tournés du même côté. On les met en marge dans les livres pour marquer les citations longues. Lorsque la citation est finie on annonce sa fin par ces mêmes traits. Exemple : instruction d'un père à son

son fils « Que la vérité soit en toutes vos paroles, détestez le mensonge comme la mort, regardez-le comme le vice le plus bas et le plus avilissant. »

Des lettres capitales.

Les lettres capitales ou majuscules servent à la composition des titres des livres et à commencer les phrases. Les noms propres d'hommes, de lieux et de fêtes commencent par une lettre capitale. Exemple : *David*, *Paris*, *Pâques*.

De la ponctuation.

On entend, par ponctuation, la manière de marquer les endroits du discours où l'on doit s'arrêter pour en distinguer plus aisément les parties, et empêcher qu'une proposition ne se confonde avec une autre.

On compte généralement sept marques de ponctuation, *la virgule, le point, le point et virgule, les deux points, le point d'interrogation, le point d'admiration et les trois points*.

La virgule (,) sert, 1.° à distinguer les membres d'une période, il y faut faire une très-petite pause. Exemple : *ceux qui ont dans leurs mains les loix pour gouverner les peuples, doivent toujours se laisser gouverner eux-mêmes par les loix.*

2.° A séparer les adjectifs, les noms,

les verbes et les adverbes qui n'ont point entr'eux de rapports modificatifs. Exemple: *la charité est douce, patiente, bienfaisante. La candeur, la docilité, la simplicité sont les vertus de l'enfance.*

3.º On emploie la virgule, lorsque le verbe est séparé de son nominatif ou de son régime par une phrase incidente. Exemp. *l'ennui qui dévore les autres hommes, au milieu des délices, est inconnu à ceux qui savent s'occuper par quelque lecture. J'adorai à genoux, les mains levées vers le ciel, Minerve, à qui je crus devoir cet oracle.* On appelle *phrase incidente*, une phrase que l'on peut supprimer sans altérer le sens de la phrase: comme *au milieu des délices.*

4.º On met toujours une virgule avant et après *dit-il? dit-elle? disent-ils?*... etc. et les noms au vocatif.

Mais on ne met point de virgule avant *et, ni, comme,* quand ces conjonctions servent à unir des mots simples. Exemple: *l'enfant est soumis et docile. Cet homme n'est ni avare ni prodigue...* etc.

Le point avec la virgule (;) se met entre deux phrases dont l'une dépend de l'autre; il faut y faire une pause plus grande qu'à la virgule. Exemple : *il faut prévoir et craindre le péril; mais quand on y est, il ne reste plus qu'à le mépriser.*

Les phrases qui ont le même régime, sont aussi séparées par le point et la virgule. Exemple : *Dieu remet aux hommes le soin de juger les actions des hommes ; mais il se réserve à lui seul le soin de juger les pensées.*

Les deux points (:) se mettent à la fin d'une phrase finie, mais suivie d'une autre qui sert à l'étendre ou à y jetter un plus grand jour ; ils demandent que l'on soutienne la voix, et que l'on y fasse une pause plus grande qu'au point avec la virgule. *Ces vieillards baiserent ce livre avec respect : car ils disoient qu'après les Dieux de qui les bonnes loix viennent, rien ne doit être plus sacré aux hommes que les loix destinées à les rendre bons, sages et heureux.*

Le point (.) se met à la fin des phrases quand le sens est entiérement fini. Il faut y faire une grande pause en baissant la voix. Exemple : *la justice est le point d'appui de l'autorité.*

Le point d'interrogation (?) se met après les phrases qui expriment une interrogation, et marque que l'on doit élever un peu la voix. Exemple : *comment veux-tu que je sois sensible au blâme, si tu ne veux pas que je sois sensible à l'éloge ?*

Le point d'admiration (!) se met dans les phrases qui expriment une exclamation ou une admiration. Exemple : *aimer Dieu, aimer ses semblables, quoi de plus simple et de plus naturel ! Vouloir du bien à qui nous fait du mal : quoi de plus grand et de plus sublime !*

Les trois points (...) se mettent pour faire

remarquer les morceaux de force ou de sentiment, les incertitudes, les transitions subites d'une idée à une autre opposée. Ex. *et je vais attacher le cœur au traître qui... ah! mon enfant! Il eût osé peut-être... hélas! il ne vit plus. Je veux que ce chrétien devant elle amené... non... je ne veux plus rien.*

Quelques grammairiens subdivisent encor cette ponctuation. Ils emploient deux, trois ou quatre points selon le dégré d'emphase que le lecteur, ou pour mieux dire, le déclamateur doit mettre dans le morceau ainsi ponctué : ceci est au-dessus des premiers éléments d'une langue.

Remarques sur l'orthographe.

L'orthographe en général n'a pas de principes bien certains; on l'a vue varier suivant les siècles. L'académie elle-même s'est écartée plus d'une fois dans les dernieres éditions de son dictionnaire, (que l'on doit regarder comme le vrai dépôt de l'orthographe et de la langue,) de l'orthographe qu'elle avoit adoptée dans les précédentes. Delà ces différentes manieres d'écrire un même mot sans orthographier mal; car quoique l'ancienne manière ne soit plus d'usage elle n'est jamais une faute. On peut écrire *printemps* ou *printems*, *isle* ou *île*, *sçavoir* ou *savoir*... etc.

Il y a dans la plupart des mots français beaucoup de lettres qui ne se prononcent pas, comme *monument*, *esprit*, *ils aiment*; qu'on prononce comme *monuman*, *espri*, *ils aime*.

Il y en a d'autres qui ont un même son, et une orthographe différente. Voyez la table des homonymes,

Nous ajouterons aux regles que nous avons données quelques remarques dont on pourra se servir utilement.

Premiere remarque. Pour savoir comment s'écrivent les syllabes finales d'un mot, il faut faire attention aux mots dont ils dérivent : ainsi on écrira *plomb* de *plomber*, *crédit* de *créditer*, *parfum* de *parfumer*... etc.

Deuxieme remarque. Les voyelles nazales *an*, *en*, *in*, *on*, *un*, s'écrivent par *am*, *em*, *im*, *om*, *um*, dans les mots ou la voyelle nasale est suivie de *b*, *m*, *p*, ou *ph* : ainsi on écrira *ambition*, *amphibie*, *empire*, *embrasser*, *imbécille*, *ombrageux*, *triomphe*, *humble*, *grammaire*, *homme*... &c.

Mais lorsque la voyelle nazale est suivie d'une autre lettre, alors on l'écrit par *n* : ainsi on écrira *enfant*, *ancêtres*, *encre*, *inconstance*, *incident*, *angle*... etc.

Troisieme remarque. Le son de la voyelle nasale *am*, *em*, *an*, *en*, au commencement des mots, s'écrit par *em*, *en*, dans les mots qui sont tirés des verbes; ainsi on écrit *empêchement* d'*empêcher*, *embarras* d'*embarrasser*, *encensement* d'*encenser*, *engagement* d'*engager*... etc.

Excepté les mots *ambition*, *ambre*, *amplification*, *amputation*, *ancre*, *andouille*, *anti-date*, *antiquité*.

Quatrieme remarque. Les noms terminés par la voyelle nasale *an* s'écrivent par *ment* dans les mots qui dérivent des verbes. Ainsi on écrira *abaissement*, d'*abaisser*, *mouvement* de *mouvoir*, *aboiement* d'*aboyer*.

Cinquieme remarque. Pour écrire le son *im*, *in*, *ain*, *aim*, *ain*, *ein*, il faut faire attention aux mots qui en dérivent, si ce sont des noms. Ainsi on écrira *faim* de *famine*, *fin* de *finir*, *vin* de *vineux*, *main* de *manier*... etc.

Mais si ces mots sont des adjectifs, il faut voir quelle est leur terminaison féminine. Ainsi on écrira *divin* de *divine*, *sain* de *saine*, *saint* de *sainte*, *plein* de *pleine*... etc.

Sixieme remarque. Quand le son *in* commence le mot, on l'écrit toujours par *im* ou *in*. Exemple, *imbécille*, *inquiet*... etc.

Excepté *ains* vieux mots, *ainsi* et *Eimbek* ville.

Septieme remarque. La plupart des mots terminés en *ance* ou *ence* s'écrivent par *ce*. Exemple : *abondance*, *clémence*, *science*... etc.

Excepté *danse*, *contre-danse*, *défense*, *dispense*, *récompense*, *dépense*, *panse*, *intense*, *immense*, *réponse*, *il compense*, *il encense*, *il panse* une plaie, *il pense* réfléchit, *offense*, *transe*.

A l'égard des syllabes *ance* ou *ence*, on suit l'orthographe latine : ainsi on écrit *abondance* d'*abondantia*, *prudence* de *prudentia*, etc. Ceux qui ignorent cette science consulteront le dictionnaire.

Huitieme remarque. On écrit par *xion*, *complexion*, *connexion*, *flexion*, *fluxion*, *inflexion*, *ixion*, *réflexion*, *génuflexion*. Les autres en *sion*, *ction* ou *tion* viennent des noms latins en *sio*, *tio*, *ctio*, *xio*, *missio*, *attentio*, *productio*, *fluxio*, *actio*; *mission*, *attention*, *production*, *fluxion*, *action*.

Remarques *sur la réduplication des lettres.*

Quand une voyelle commence un mot composé, on double ordinairement la consonne qui suit : *accueillir*, *apprendre*, *attirer*, *opposer*... etc.

Le *b* ne se double que dans *abbé* et ses composés.

Le *d* ne se double que dans *addition*, *additionner*, *adducteur*.

La lettre *s* se double toujours entre deux voyelles lorsqu'elle conserve sa prononciation, *assemblée*, *assurance*, *cesser*, *issue*... etc.

Les lettres, *h*, *j*, *k*, *q*, *v*, *z*, ne se doublent jamais.

Quand à la réduplication des autres lettres on consultera le dictionnaire.

TABLE des mots homonymes qui ont une orthographe différente.

ON entend par mots homonymes, ceux qui ont à-peu-près le même son; mais qui expriment des choses différentes.

Ne confondez pas :	Avec :
Il abaise, verbe,	abbesse, supérieure.
il accueille, verbe,	accueil, réception.
aile, d'oiseau,	elle, pronom.
aîne, partie du corps humain,	Aisne, riviere.
air, élément,	Aire, place où l'on bat le grain.
ère, époque,	
erres, voies du cerf,	il erre, verbe,
il ait, verbe, troisieme personne d'avoir,	il est, troisieme personne d'être.
alêne, instrument,	haleine, respiration.
amande fruit,	il amende, verbe.
ami, amitié,	amict, linge d'église.
ammi, graine aromatique,	
an, année,	en, préposition.
ancre, instrument de fer,	encre, liqueur noire.
antre, grotte,	entre, préposition.
Anvers, ville,	envers, préposition.
Août, mois,	où, adverbe.
appas, charmes,	appât, piége.
apprêt, préparatif,	après, préposition.
arc, arme des sauvages,	j'arque, verbe.
avant, préposition,	avent, tems consacré par l'église.

Ne confondez pas,	Avec,
au, article,	aulx, pluriel d'ail, plante potagère.
eau, élément,	os, substance endurcie.
Aude, riviere,	ode, piece de vers.
auspices, présage,	hospice, hôpital.
autan, vent du midi,	autant, adverbe.
Autel, table pour les sacrifices,	hôtel, maison.

B.

bal, danse,	balle, gros paquet.
Bâle, ville,	
balai, instrument de propreté,	ballet, danse figurée.
bah! exclamation,	bas, habillement.
banc, à s'asseoir,	ban, cri public.
bât, selle grossiere,	bas, adjectif.
baux, pluriel de bail,	beau, adjectif.
beauté, nom,	botté, participe de botter.
bête, animal,	bette, plante potagere.
bon, adjectif.	bond, saut.
bonace, calme,	bonasse, simple et sans malice.

C.

ça, adverbe,	sa, pronom possessif.
sas, tamis,	
cadis, étoffe de laine,	Cadix, ville.
le cadre, d'un tableau,	il quadre, verbe.
le cahot, d'une voiture,	le chaos, confusion.
camp, d'une armée,	quand, conjonction.
quant-à, préposition,	Caën, ville.
Canaux, pluriel de canal,	canot, bateau.
Car, conjonction,	quart, quatrieme partie.
Carte, de géographie,	quarte, terme de musiq.
Cartier, qui vend des cartes.	quatier, de bœuf.

Ne confondez pas,	Avec,
Céans, adverb. maître de céans,	séant, participe de séoir.
Ceint, de sa ceinture,	cinq, adjectif de nombre.
Sain, santé,	le seing, signature.
Saint, sainteté,	sein, d'une personne,
Celle, pronom,	selle, siège.
Sel, à saler,	scel, sceau.
Cellier, endroit,	sellier, ouvrier.
Cène, dernier repas de jésus-christ,	scène, d'une comedie.
Saine, adjectif,	seine, filet.
Cens, droit seigneurial,	Sens, ville.
Cent, adjectif de nombr.	sang, des veines.
Sans, préposition,	sens, sentiment ou verbe.
Censé, passer pour,	sensé, prudent, sage.
Cep, de vigne,	sept, adjectif de nombre.
Cerf, animal,	serf, esclave.
Il sert, de servir	il serre, de serrer.
Chaîne, suite d'anneaux,	chêne, arbre.
Chair, des animaux,	cher, adjectif et riviere.
Chaire, à prêcher,	chère, maigre chère.
Champ, de terre,	chant, action de chanter.
Chaud, adjectif,	chaux, pierre calcinée.
Chœur, d'une église,	cœur, de l'homme.
Cire, matiere,	sire, qualité.
Clair, de la lune,	clerc, tonsuré ou de proc.
Coi, tranquille,	quoi, pronom, adverbe.
Clause, d'un contrat,	close, chose fermée.
Col, habillement,	colle, matiere gluante.
Comptant, de l'argent,	contant, une histoire.
Content, satisfait,	
Compte, calcul,	conte, récit d'histoire,
Comte, titre,	
Coq, oiseau domestique,	coque, de l'œuf.
Cor, instrument,	corps, de l'homme.
Cors, d'un cerf,	
Quote, ma quote-part,	cotte, jupe.
Cou, partie du corps,	coup, de poing.

Ne confondez pas,	Avec,
Cour, d'une maison ou d'un prince,	cours, de la riviere ou promenade.
Il court, verbe,	court, adjectif.
Il craint, verbe,	crin, du cheval.
Cri, de joie,	cric, instrument,
je crois, verbe,	croix, de chevalier.
Cru, adj. part. de croire,	crû, partic. de croître.
Cuir, peau préparée,	cuire, verbe.
Cygne, oiseau,	signe, marque.
Cycle, periode de tems,	sicle, monnoie des juifs.

D.

Dais, sorte de ciel,	dès, préposition.
dans, préposition,	dent, petit os.
date, d'une année,	datte, fruit de barbarie.
dé, à coudre,	Dey, qualification.
deçu, participe,	dessus, adverbe.
délacer, ôter un lacet.	délasser, se reposer.
dessein, projet,	dessin, paysage.
je dis, verbe,	dix, adject. de nombre.
doigt, de la main,	il doit, verbe.
don, présent,	donc, conjonction.
dont, pronom,	dom, qualification.
du, article,	dû, particip. de devoir.

E.

écho, répétition de son,	écot, dépense
enté, greffer,	hanté, fréquenter.
envi, à l'envi,	envie, desir.
étaim, laine fine,	étain, métal.
éteint, partic. d'éteindre,	
étang, amas d'eau,	étant, partic. présent.
étend, verbe,	
être, nom ou verbe,	hêtre, arbre.
eux, pronom,	œufs, d'oiseau.
Eure, riviere,	ils eurent, verbe.
hure, tête d'un sanglier,	Ur, ville.

F.

face, visage,
faim, besoin de manger,
fin, terme,
faire, verbe,
fait, action,
faix, ou fardeau,
fard, de farder,
faite, d'une maison,
faon, petit d'une biche,
fausse, féminin de faux,
faut, verbe,
fetu, brin de paille,
fi, interjection,
il fit, verbe,
fil, de lin prononcez l,
foi, croyance,
fois, une fois,
le fond, d'un puits,
ils font, de faire,
foret, instrument,
for, tribunal,
frai, ou fraie du poisson,
il fraye, verbe,

je fasse, verbe.
il feint, de feindre.

fer, métal.
je fais, verbe.

phare, fanal.
fête, solemnité.
il fend, verb. de fendre.
fosse, creux.
faux, instrument.
fœtus, ou fetus d'enfant.
fils, enfant.

elle file, verbe.
foie, viscere.
fouet, de cocher.
il fond, de fondre,
les-fonds, baptismaux,
forêt, de bois.
fort, d'une ville.
frais, adjectif.

G.

gai, adjectif.
Gand, ville,
geai, oiseau,
jet, d'eau,
gent, nation,
il goûte, verbe,
grace, la grace,
Grece, pays,
Gray, bourg,
gré, volonté,
gril, meuble de cuisine,

gué, d'une riviere.
gant, paire de gants.
jais, bitume sec.
j'ai, verbe.
Jean, nom propre.
goutte, d'eau ou maladie.
grasse, adjectif.
graisse, substance.
grais, pierre.

gris, adjectif.

Ne confondez pas,   Avec.
guère, adverbe.   *guerre*, querelle.
gît, verbe.   *Gy*, village.

H.

hais, je hais.   *haie*, clôture d'un champ
ais, planche.
hâle, nom ou verbe.   *halle*, lieu de marché.
héraut, officier d'état.   *héros*, grand homme.
hombre, jeu,   *ombre*, d'un arbre.
hors, préposition,   *or*, métal ou conjonction.
hôte, aubergiste,   *haute*, adjectif.
ote, verbe,   *hotte*, la hotte sur le dos.
hautesse, grandeur,   *hôtesse*, d'un logis.
huis-clos, portes fermées,   *huit*, adjectif de nom.
hune, d'un vaisseau,   *une*, adjectif de nombr.

I.

ici, adverbe,   *Issy*, village.
jeune, adjectif,   *jeûne*, abstinence.
il, pronom,   *île* ou *isle*, terre entourée d'eau.

L.

là, adverbe,   *las*, adjectif de fatigué.
lacs, filets,   *la*, article.
lac, amas d'eau,   *laque*, résine.
Laon, ville,   *lent*, adjectif.
lacer, serrer avec un lacet   *lasser*, fatiguer.
laid, adjectif,   *lait*, de vache.
legs, don,
lest, pésanteur.   *leste*, adjectif ou verbe.
lé, largeur d'étoffe,   *les*, article.
leur, pronom,   *leurre*, piége.
lieu, endroit,   *lieue*, mesure itinéraire.
lice, tournois,   *lisse*, adjectif.

Ne confondez pas,	Avec,
lion, animal,	Lyon, ville.
lire, verbe,	lyre, instrument.
lit, meuble,	lis, fleur.
lord, qualité,	lors, adverbe.
loch, instrument,	lok, terme de médecine.
lourd, adjectif,	loure, danse.
lutte, exercice,	luth, instrument.
lut, terre grasse,	

M.

ma, pronom,	mât, de vaisseau.
mat, de l'or mat,	matte, thé du Paraguay.
mai, mois,	mais, conjonction.
mes, pronom,	je mets, verbe.
messe, cérémonie,	Metz, ville.
main, la main,	maint, adjectif.
Mein, riviere,	
maire, de la ville,	mer, océan.
mere, des enfants,	
mal, douleur,	mâle, sexe masculin.
malle, petit coffre,	
wanne, panier d'osier.	mânes, ames des morts.
mante, habillement,	Mantes, ville.
mente, verbe,	menthe, plante balsamiq.
mari, époux,	marri, adjectif.
maux, pluriel de mal,	Meaux, ville.
mots, expressions,	
métre, mesure,	mettre, verbe.
maître instituteur,	
meurs, verbe,	mœurs, conduite.
mil, graine,	mille, nom de nombre.
moi, pronom,	mois, division de l'année.
mon, pronom,	mont, montagne.
mords, verbe de mordre,	mors, de cheval.
mort, fin de la vie,	maur, nom d'homme.
maure, de mauritanie,	
mou, adjectif,	moût, de vin.

Ne confondez pas,	Avec,
il moud, v. de moudre,	*moue*, grimace.
mur, muraille,	*mûr*, adjectif.

N.

naît, de naître,	*net*, adjectif.
nette, adjectif,	*Nethe*, riviere.
né, part. de naître,	*nez*, organe.
nid, d'oiseau,	*ni*, conjonction.
noix, fruit,	*il noye*, verbe.
non, adverbe,	*nom*, expressio.
nourrice, d'un enfant,	*il nourisse*, verbe.

O.

on, pronom,	*ont*, verbe.
oubli, manque de mém.	*oublie*, patisserie.
ouï, part. de ouïr,	*oui*, adverbe.
où, adverbe,	*ou*, conjonction.

P.

pain, aliment de l'hom.	*pin*, arbre résineux.
je peins, verbe peindre,	
paire, une paire de gants.	*pere*, de l'enfant.
palais, maison,	*palet*, morc. plat et rond.
pal, pieu aiguisé,	*la pale*, piece de bois.
pâle, adjectif;	
pan, d'une muraille,	*paon*, oiseau.
par, préposition,	*part*, portion.
parante, adj. embellir.	*parente*, alliée.
pari, gageure,	*Paris*, ville.
pâte, à faire du pain,	*patte*, d'animal.
la paume, de la main,	*pomme*, fruit.
Pau, ville,	*peau*, d'animal.
Pô, riviere,	*pots*, de terre.
pause, repos,	*il pose*, verbe.
pécher, offenser Dieu,	*pêcher*, à la ligne.

Ne confondez pas,	Avec.
pêcher, arbre,	
pêne, morceau de fer,	peine, de la vie.
il perce, verbe	Perse, pays.
peinte, partic. de peindre.	pinte, mesure.
penser, réfléchir,	panser, prendre soin.
pic, instrument de fer,	pique, arme à long bois.
pieu, long bâton aigu,	pieux, adjectif.
plaid, plaidoyer,	plaie, cicatrice.
il plait, verbe.	
plain, de plain-pied,	il plaint, verbe.
plein, adjectif,	
plaine, étendue,	pleine, adjectif.
plan, de tragédie,	plant, d'asperges.
poêle, ustensile,	poil, des animaux.
poids, pésanteur,	pois, légume.
la poix, résine,	
poing, coup de poing,	point, le point du jour.
il poind, de poindre,	
porc, cochon,	port, d'une riviere.
pou, insecte,	pouls, battement du poul.
pouce, gros doigt,	il pousse, verbe.
près, préposition,	prêt-à, adjectif.
pris, verbe,	prix, estimation.
puce, insecte,	je puſſe, verbe.
je puis, verbe,	le puits, excavation.

R.

raisonner, parler,	résonner, retentir.
rais, terme de blason,	raie, ligne ou poisson.
rang, ordre,	il rend, verbe.
ras, adjectif,	les rats, petits animaux.
rauque, enroué,	roc, rocher.
récent, adjectif,	il ressent, verbe.
rein, rognon,	Rhin, fleuve.
reine, femme d'un roi,	rêne courroie d'une bride.
renne, animal,	
rez, rez-de-chanssée,	rets, filet.
Rheims, ville,	je rince, verbe.

Ne cenfondez pas,	Avec.
Riom, ville,	*nous rions*, verbe.
je ris, verbe,	*riz*, sorte de graine.
roman, conte,	*roman* et *romans*, bourg.
je romps, verbe,	*rond*, adjectif.
roue, de voiture,	*roux*, couleur.
ru, canal,	*rue*, chemin.
rut, du cerf,	*Ruth*, nom propre.

S.

sainte, adjectif,	*Xaintes*, ville.
sâle, adjectif,	*salle*, à manger.
saur, hareng-saur,	*sort*, destin.
je sors, verbe,	
saut, sauter,	*sceau*, cachet.
Sceaux, bourg,	*seau*, à puiser de l'eau.
sot, adjectif,	
sceller, cimenter,	*seller*, un cheval.
céler, cacher,	
le serein, rosée,	*serin*, oiseau.
soi, pronom,	*soie*, fil.
soit, conjonction,	
sol, terrain,	*sole*, corne du cheval.
saule, arbre,	
sonnet, piece de vers,	*il sonnoit*, verbe.
souci, fleur ou chagrin,	*soucie*, oiseau.
soûl, adjectif,	*sou*, monnoie.
sous, préposition,	
statue, figure de métal,	*statut*, réglement.
je sus, verbe,	*suie*, de la cheminée.
sur, préposition,	*sûr*, adjectif.

T.

Ta, pronom.	*tas*, un amas.
taie, enveloppe.	*têt*, morceau d'un pot.
test, serment,	
tache, souillure.	*tâche*, pénible tâche.
tain, lame d'étain,	*il teint*, verb. de teindre.

Ne confondez pas,	Avec.
le *teint*, coloris du visage	*thym*, plante.
taire, verbe,	*terre*, élément,
tan, poudre d'écorce de chêne,	*tant*, adverbe,
tems, durée,	
taillon, terme fiscal,	*talion*, peine,
tante, femme de l'oncle,	*tente*, pavillon de camp,
taon, grosse mouche,	
ton, pronom,	*thon*, poisson de mer.
tapis, piece d'étoffe,	*tapi*. part. de tapir,
la *tare*, déchet,	*tard*, adverbe
taupe, petit animal,	je *tope*, verbe,
le *taux*, de l'argent,	*tôt*, adverbe,
terme, fin,	*thermes*, bains,
tes, pronom,	*thé*, petite feuille,
toi, pronom,	*toît*, couvert. d'une mais.
toue, bateau,	*Toul*, ville,
tout, adjectif,	la *toux*, maladie,
tour, édifice élevé,	*Tours*, ville,
les *traits*, du visage,	*très*, adverbe,
tribu, d'un peuple,	*tribut*, impôt,
Troie, ancienne,	*Troyes*, ville de l'Aube,
trois, adjectif de nombre,	
trop, adverbe,	*trot*, pas du cheval.
tu, pronom,	*tû*, part. de taire,

V.

vain, adjectif,	*vin*, jus du raisin.
vingt, adjectif de nombre	il *vint*, verbe.
vaine, adjectif,	*veine*, du corps humain.
van, corbeille d'osier,	*vent*, agitation de l'air.
il *vautre*, verbe,	le *vôtre*, pronom.
Vaud, pays,	je *vaux*, verbe.
veau, jeune bœuf,	*vos*, pronom.
ver, insecte,	*verre*, corps transparent.
vers, poésie ou prépos.	*vert*, adjectif.
vesce, plante,	*vesse*, ventosité.
je *veux*, verbe,	*vœu*, promesse.

Ne confondez pas,	Avec.
le vice, imperfection,	*je visse*, verbe.
vil, adjectif,	*ville*, nom de ville.
voie, chemin,	*voix*, organe de la parole.
voir, verbe,	*voir*, vraiment advebe.
volée, vol d'oiseau,	*volé*, part. de voler.
volet, panneau,	

Z.

zest, interjection,   *zeste*, ce qui sépare la noix en quatre.

F I N.

www.ingramcontent.com/pod-product-compliance
Lightning Source LLC
Chambersburg PA
CBHW061304110426
42742CB00012BA/2053